KB194266

오늘은
어린이책

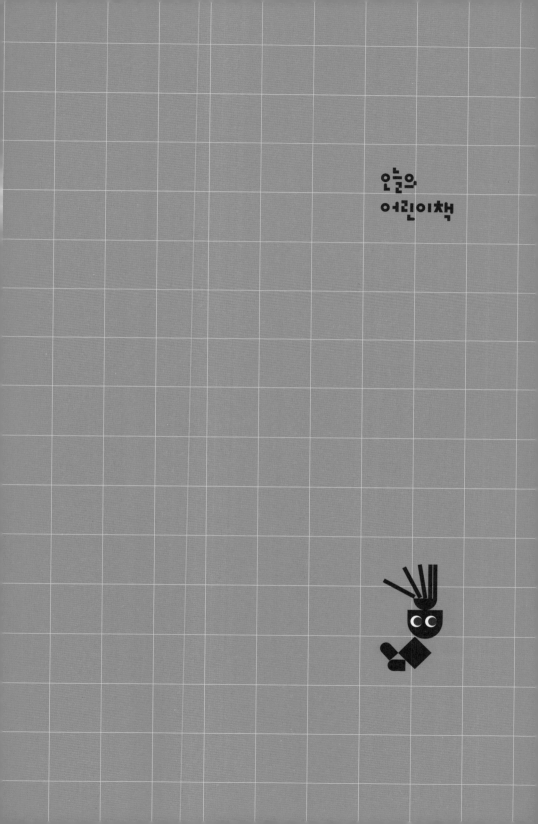

오늘의 어린이책 1

다움북클럽이 고른
성평등 어린이·청소년책
2019-2021

1판 1쇄 발행 2021년 9월 9일

펴낸곳 오늘나다움
출판등록 2021년 7월 9일 제2021-000028호

ISBN 979-11-975580-0-9   03020

thinksingtogether@naver.com
blog.naver.com/thinksingtogether
instagram @daoombookclub

이 책은 씽투창작소와 한국여성재단의 후원을 통해 개발·제작되었습니다.

오늘은
어린이책

다음
북클럽

오래 사랑받아 온 어린이책, 새로 쏟아져 나오는 어린이책이 많지만, 오늘의 어린이 독자에게 꼭 전하고 싶은 오늘의 이야기가 있었습니다. 온 세계가 '다양성과 포용(Diversity & Inclusion)'을 가장 중요한 가치로 말하는 지금, 어린이들 또한 이 꿈에 함께하길 바랐습니다. 성별, 나이, 인종, 장애 유무 등 개인의 특성을 서로 존중하며 포용하는 사회, 바꾸어 말해 그런 특성으로 차별당하지 않는 사회를 온 세계가 다 같이 만들고 있다는 걸 알리고 싶었습니다.

2018년, 어린이책 가까이 있는 작가, 평론가, 편집자, 교사 등이 모여 새 책장을 꾸리기 시작했습니다. 어린이책을 누구보다 많이 읽어 왔지만, 책 더미에 묻혀 다시 한번 머리를 맞대며 오늘의 어린이 독자에게 전하고 싶은 책을 골랐습니다. 새로 꾸린 무지갯빛 책장이 또 다른 세계로 한 걸음 더 나아가게 하는 지도가 되고, 여권이 되고, 기차표가 되길 바랐습니다. 2020년이 되자 책장에는 199권의 책이 꽂혔습니다.

어린이들은 책장 앞에 옹기종기 모여앉아 책을 읽었고, 교사와 양육자는 크나큰 응원과 지지를 보내주었습니다. 하늘을 나는 책장이 되어 어린이가 있는 곳이면 어디든 날아가 자리하는 중이었습니다. 하지만 책장을 갑작스레 정리해야 했습니다.

그럼에도 전혀 굴하지 않은 채로 이렇게 다시 2021년의 새 책장을 만듭니다. 북펀드로 일찌감치 이 책자를 후원하고 기다려주신 분들과 독자분들께 감사드리며 새 책장을 보냅니다. 그동안 책이 늘어나 262권이 되었고 연대의 글도 더해졌으니 책장을 둘러보는 일이 좀 더 즐거우시리라 기대합니다. 청소년 독자와 함께하기 위해 추가한 청소년책도 꼼꼼히 찾아봐 주시길 부탁드립니다.

이 책들을 '오늘의 어린이책'으로 소개합니다. 오늘의 어린이 독자가 읽기에 마땅한 어린이책은 다양성과 포용, 특히 성인지 감수성에 바탕하고 있습니다. 내일을 살아가는 어린이들에게 오늘의 어린이책을 건넵니다.

다움북클럽 기획위원 김유진 (아동청소년문학 평론가)

차례

금지된 책들의 이야기

다움북클럽 추천 도서

특집

금지된 책들의 이야기

성평등 어린이책 연대기

2018. 12.

여성가족부, A사, B재단 '성평등 아동도서 및 문화 확산 사업' MOU를 체결하고 씽투창작소가 사업자로 선정됨. "성 역할 고정관념을 줄이고 남자다움, 여자다움이 아닌 '나다움'을 책이라는 매체를 통해 인지하고 찾아가는 사업이다."

2019. 3.

도서 선정 위원 구성. 자기긍정·다양성·공존의 3대 가치, 도서의 소재와 주제를 중심으로 한 10개 범주, 성평등 가치를 실현할 수 있는 26개 질문을 선정 기준으로 수립함.

2019. 12.

전국 초등학교에 공모하여 5개 초등학교를 선정하고 도서와 책놀이 묶음 지원.

2020. 4.

성평등 어린이책 추천 공모를 통하여 2020년 추천 도서 65종을 선정함.

2020. 8. 25.

국회 교육상임위에서 김 모 의원이 선정 도서 가운데 7종에 대하여 '동성애를 조장'하고 '조기성애화의 우려'가 있다고 여성가족부를 공격함. 이 내용이 주요 일간지에 게재되면서 성평등과 성교육 도서에 대한 찬반 논쟁이 시작됨.

2020. 8. 26.

B재단 사업 철수. 여성가족부는 초등학교에 지원했던 도서 7종 회수 결정. 전국교직원노동조합, 한국여성단체연합, 대한출판문화협회 등 여러 단체에서 사업 지속을 요구하는 지지 성명 발표.

2021. 3.

한국여성재단의 성평등사회조성사업에 선정됨. 어린이책 출판사에 성평등 도서 추천 공모.

2021. 9. 9.

《오늘의 어린이책 1》 발간. 추천 도서 목록 총 262종을 소개하고 성평등 어린이책의 주요 논점을 중심으로 각계 전문 필자의 기고문들을 엮은 무크지 출간.

2019. 4.

포럼 개최(마포중앙도서관).
어린이책에 담아야 할 성평등
가치와 내용에 대하여 출판, 교육,
문화계에 문제를 제기함.

2019. 7.

토론회 및 도서 전시회 개최(마포중앙도서관).
추천 도서 134종 목록을 발표하고 장르별
특징을 소개함. 선정된 도서를 읽고 체험할 수
있는 성평등 도서 전시회 개최.

2020. 5.

코로나19로 돌봄의 사각지대에
놓인 어린이들을 위하여 한부모가족
800가구에 책꾸러미를 전달함.

2020. 8. 10.

2019 창작공모전 대상 수상작 《비밀 소원》(김다노
글, 이윤희 그림, 사계절 출간) 출판기념회와
북콘서트가 열리고 2년간 선정된 총 199종의
성평등 어린이책이 소개됨.

2020. 11.

여성가족부, A사 사업 중단.

2020. 12.

도서 선정 위원과 씽투창작소,
성평등 어린이책 사업을 자체적으로
지속하기로 결정하고 신간 검토 시작.
'다움북클럽'으로 새롭게 BI를 정함.

2021. 9.

'오늘의 어린이책' 북토크(예정)
'오늘의 어린이책' 전시(예정)

2022.

성평등 어린이책을 지속적으로
선정하고 이를 알리는 《오늘의
어린이책》 매년 발간 예정.

이것이
빨간책! #1

'회수'라는 이름의 금지

7종 10권의 이 책들은 2020년 8월 25일 국회에서 문제 삼고 바로 다음 날인 26일에 여성가족부에서 회수 조치함으로써 '금서'로 딱지 붙은 책들이다. 책의 주제나 글의 맥락과는 상관없이 특정 그림을 캡처한 후 '외설적 책'으로 낙인 찍은 보수 기독교계의 왜곡된 상상력을 정부가 공식적으로 인정한 블랙코미디. 성교육 도서의 고전부터 국제적으로 인정받은 발랄한 최신 인권 도서까지, 건강하고 상식적인 다양성과 포용의 어린이책들을 소개한다.

아기는 어떻게 태어날까?

아기가 어떻게 만들어지는지에 대한 놀랍고도 진실한 이야기

Girls' Talk
사춘기가 되면서 정작 말해 주지 않는 것들

엄마는 토끼 아빠는 펭귄
나는 토펭이!

자꾸 마음이 끌린다면

여자 남자, 할 일이 따로 정해져 있을까요?

{우리 가족 인권 선언 · 1}
딸 인권 선언

{우리 가족 인권 선언 · 2}
아들 인권 선언

{우리 가족 인권 선언 · 3}
엄마 인권 선언

{우리 가족 인권 선언 · 4}
아빠 인권 선언

이것이
빨간책!

#2

'어둡고 위험한 책'이라는 검열

이 11권은 처음부터 목록에서 삭제되었던 책들이다. 사업 주관 기관은 어린이에게 추천하기에는 너무 '위험하거나 어둡다'는 등의 이유를 들어 이 책들을 최초의 도서 목록에서 삭제하도록 요청했다. 프로젝트 진행을 위해 크게 반박하지 못하고 요구를 수용했던 당시의 부끄러움을 고백하며, '빨간 맛' 책들을 다움 북클럽 책장에 다시 꽂는다. 그 불편함을 넘어서는 것이 바로 다양성과 포용이고 공존과 연대임을 그들도 이제 알기 바라며.

금서(禁書)에 반대한다!

"나다움어린이책이 지향하는 것은 삶의 다양성과 어린이들이 만들어갈 새로운 가능성입니다. 21세기의 세상은 기성세대들이 변화의 속도를 따라잡지 못할 정도로 빠르게 변해 가고 있습니다. 이러한 상황에서 어린이에게 교육해야 할 것은 전통적인 관념을 따르는 것이 아니라 앞으로 어린이들이 열어나갈 공정하고 평등한 세상에 대한 상상력, 남녀노소를 넘어서는 다양성에 대한 존중, 범람하는 정보의 홍수 속에서 양질의 정보를 가려내는 능력, 세계적인 변화의 추세에 눈과 귀를 열고 유용한 지식을 생산할 수 있는 능력 같은 덕목입니다.

성에 대해 관심을 갖기 시작하는 어린이들이 상업적이고 좋지 않은 정보를 자의적으로 찾기를 원하십니까, 아니면 교사와 전문가의 지도 아래 양질의 책을 열린 현장에서 함께 읽고 토론하기를 원하십니까. 어린이에게 지금 어른들이 만들어 놓은 세상과 똑같은 세상에서 똑같은 가치관을 갖고 살아야 한다고 가르치고 싶지 않아서 나다움어린이책을 선정한 것입니다."

여성가족부 및 국회에 보낸
나다움어린이책 도서 선정 위원 의견서

"여성가족부는 특정 도서 회수 결정을 철회하여야 하며, 국가기관이 민간의 도서 선정 결정을 뒤집은 데 대해 사과해야 한다. 국가기관이 특정한 책에 대해 이러저러한 조처를 하는 것은 일종의 검열이며, 이러한 검열 행위는 중단되어야 한다."

바람직한 독서문화를 위한 시민연대
제6회 금서읽기주간

"시대는 변화하고 있다. 더 이상 성과 사랑을 금기시하며 이야기해야 하는 시대도, 다양한 가족 형태를 부끄러워해야 하는 시대도 아니다. 이러한 시대의 변화를 반영한, 다양성과 인권을 보장하는 포괄적 성교육은 국가의 책무이다. 포괄적 성교육은 아동·청소년들이 기성세대가 가지고 있는 낡은 관념 속 세상이 아닌, 모두가 평등하고 모두의 다양성이 존중받는 사회에서 살아갈 권리를 보장하는 첫걸음이 될 것이다."

한국여성단체연합 논평

"문제는 교사, 평론가, 작가 등 해당 분야의 전문가들로 구성되어 자율적으로 도서를 선정한 '나다움어린이책 도서위원회'의 결정이 훼손되었으며, 이 책들을 문제가 있는 것인 양 낙인찍어 버렸다는 사실이다. 더 심각한 것은 한 나라의 교육을 책임진 교육부가 사안에 대한 충분한 검토도 없이 즉석에서 신속한 조치를 약속하고, 여성가족부는 하루 만에 해당 도서에 대한 회수 조치 결정을 내렸다는 점이다. 이 책들이 정말 문제가 있는지 없는지에 대해 전문가나 학부모 등의 토론 한번 거치지 않았다."

대한출판문화협회 성명

"현직 초등학교 교사 B씨는 "n번방과 다크웹 등 디지털 성범죄에 적극적으로 가담하고 생산물을 소비한 수많은 가해자들은 모두 한국에서 배우고 자란 남성들이었다"며 "우리나라 성교육의 허점이 직접적으로 드러나는 순간이었다"고 말했다. (…) "포르노로 성을 배우기 전에 유아 때부터 성에 대해 있는 그대로 보여줘야 한다. 왜곡된 성을 접하기 전에 과학에 기반한 설명과 적절한 그림을 보여주는 것이 올바른 성교육의 시작이다. 전통이라는 명목 아래 성교육을 기존 그대로 방치한다면 '제2의 손정우와 조주빈'이 더 빠른 주기로 등장할 것"이라고 덧붙였다."

경향신문 〈'성지식'은 아이들에게
어떻게 전달되어야 할까〉
이영경 기자, 2020.8.27.

"《아기는 어떻게 태어날까》처럼 차분한 삽화와 사실을 설명한 책은 철퇴를 받은 반면, 성적 조롱과 성폭력을 담은 민간 성교육 책은 널리 유통되는 현실. 아동콘텐츠의 가이드라인이 없고 주먹구구식으로 대응하는 문제를 그대로 보여준다. (…) 여가부의 지난해 조사에 따르면 초등학생 10명 중 3명이 음란물을 봤다고 답했으며, 초등학생의 음란물 이용률은 33.8%로 중학생(32.2%)보다 높은 수준으로 2018년(19.6%)보다 대폭 늘어났다. 아이들과 세상은 저만큼 달려 나가는데, 공공 성교육은 지나친 엄숙주의에 묶이고, 민간은 지나친 선정성이 판을 친다."

한국일보 〈뒤로 가는 아동콘텐츠: 모욕을 주는 성교육〉
전혼잎 기자, 2021.5.4.

"이들에게 성교육은 순결 교육이고 남녀가 결혼해서 가정을 꾸리는 것만이 아름답다고 가르치는 것이다. 이 강박이 얼마나 강한지는 다음 내용의 책들도 함께 폐기 대상 목록에 올려져 있는 것으로 알 수 있다. '견디기 힘들 정도로 불행하다면 자신의 인생을 바꿀 권리가 있다'고 설명한 책은 아동에게 이혼할 권리를 여성의 권리로 설명하므로 위험하고, 토끼와 펭귄 사이에서 태어난 토펭이의 모험담을 담은 동화책은 서로 다른 동물 간의 결합을 미화해서 어린이들에게 수간을 정상으로 생각하게 하여 위험하다는 것이다."

한겨레 〈보수개신교의 박해를 받은 10권의 도서〉
한채윤 한국성적소수자문화인권센터 활동가,
2020.8.27.

"나다움어린이책 사업이 엎어진 사건이 심각한 것은, 이런 후퇴가 결국에는 아이들 성교육에 악영향을 미치기 때문이다. 반동성애 진영과 보수 언론이 '포르노 성교육'이라고 공격한 이 책들은 사실 유엔교육과학문화기구(UNESCO)가 내놓은 '포괄적 성교육' 가이드와 크게 다르지 않다. 단지 설명이 적나라하다는 이유로 이를 거부한다면, 이미 국제사회에서 실효성을 잃은 성기 결합 중심의 혼전 순결 지키기식 성교육에 매일 수밖에 없다."

뉴스앤조이 〈'나다움어린이책'이 공격당한 이유〉
이은혜 기자, 2020.9.26.

"권인숙 더불어민주당 의원은 "여가부는 우리가 어떤 사회로 나아가야 하는지 전망을 제시해야 하는 부처인데 너무 급히 회수 결정을 내려 여가부의 존재 의미 자체를 바래게 했다"고 지적했다. 권수현 젠더정치연구소 여.세.연 대표도 "성평등 문제 관련해 이견이 있으면 여가부야말로 적극 나서서 설득해야 하는 부처인데 문제가 있다니까 바로 '안 하겠다'고 돌아서버렸다"며 "소극적으로 대응하는 태도가 큰 회의감을 안겨줬다"고 말했다."

한국일보 〈여가부 최악의 실책? 박원순 · 정의연 아닌 '나다움책 회수사건'〉 박소영 기자. 2021.1.27.

"학교에도 가지 못하고 휴대폰 앞에 고립된 아이들을 표적 삼아 달려드는 잔혹하고 폭력적인 콘텐츠에 대해선 이만큼 빠르고 강력하게 분노가 조직화되는 것을 보지 못했다. 그런 콘텐츠는 너무 방대해서 어쩔 수 없다고 방관하면서 왜곡된 호기심을 바로잡고 몸의 원리를 과학적으로 알려주려는 책은 금지된다. 어둠의 성, 공포의 성 안에 아이들을 가둬 두고자 하는 것처럼 보인다. 책으로 아이들과 대화하며 안전한 곳으로 어린이를 데려오려는 교사와 작가의 노력은 무력하게 제압당했다. 《끝없는 이야기》를 품고 뛰쳐나갔던 바스티안은 소멸의 위기에 처한 세계를 구한다. 과연 누가 아이를 지키는가 묻고 싶다."

경향신문 〈아이를 지키는 사람들〉 김지은 서울예대 문예학부 교수, 2020.8.29.

끝나지 않은 이야기

남윤정(씽투창작소 대표)

성평등 어린이책에 대한 보수 기독교계의 공격이 시작된 것은 2019년 12월. 다음 해에 국회발 보도로 '사건'이 공식화되기 8개월 전부터이다. 이들은 인터넷 매체를 통하여 나다움 어린이책 추천도서 가운데 일부가 '선정적'이며 '동성애를 조장'한다고 비난하고 여성가족부에 민원을 넣었다.

어린이책을 읽고 만드는 사람들을 어리둥절하게 만드는 도발이었는데, 알고 보니 여러 해 동안 학교 성교육에 반대하고 보건 교과서 내용을 문제 삼아 저자와 출판사를 협박하고 교육청을 압박하며 '기독교적 순결 교육'을 주장해 온 바로 '그' 사람들과 단체들이었다. 여성가족부는 이들과 대화를 시도했으나, 코로나19로 얼어붙었던 2020년 8월, 민원인 가운데 확진자가 나오면서 만남은 무산되었고 대화의 장은 열리지 못했다.

2020년 8월 25일. 주요 일간지에 '여성가족부에서 제작하여 전국의 학교에 배포한 성교육 책의 선정성'이라는 내용의 첫 보도가 나갔다. 한 국회의원이 국회 교육상임위에서 보수 기독교계의 주장을 복창한 이야기를 신문사들이 보도자료 그대로 받아쓰기 한 기사였다.

지금 다시 말하지만, 우리 책들은 '여성가족부가 제작 배포한' 게 아니라 서점에서 골라 구입한 독립적이고 창의적인 출판물이고, 스케일로 치자면 전국은커녕 고작 5개 초등학교에 지원되었을 뿐이다. 어찌 됐든 메이저 신문사의 위력에 힘입어 나다움어린이책 199권 가운데 그림책 7종이 '선정적인 어린이책'으로 둔갑한 채 조회수 올리기에만 관심 있는 보수 언론의 표적이 되었다.

그날 저녁, '절대' 철회는 없다던 여성가족부는 갑자기 태도를 바꾸어 학교에 지원되었던 7종의 책을 '회수'하기로 결정했다. 부끄러움과 무력감을 누르며 교사들에게 썼던 사과와 양해의 메일과 공문들. 화들짝 놀라 전화로 답해준 교사들의 분노가 어제 일처럼 기억된다. 학교 도서관의 청구기호 스티커가 붙은 도서들이 줄줄이 회수되어 들어왔다.

그 사이 감염병에서 회복한 민원인들은 댓글로, 유튜브로, 거리에서 공격을 멈추지 않았고 학교에, 도서관에 부지런히 압력을 넣었다. 목표물을 정하고 민원에 취약한 고리들을 공략하는 방식에 매우 숙련된 사람들이라는 인상이었다. 생업에 바빠 시간을 쪼개 가며 함께해 온 우리들과는 애초에 경쟁이 되지 않았다.

보도가 계속되면서 여러 진보 단체에서 지지 성명이 발표되었다. 직접 읽어 보니 모두 좋은 책이라고 하며 성교육의 필요성과 7종 도서의 작품성을 논하는 꼼꼼한 반론 기사도 뒤를 이었다. 그러나 때 이른 '회수'는 이미 '항복문서'였고 7종의 그림책은 2020년판 금서 목록에 이름을 올렸다.

3개월 후, 여성가족부는 사업 중단을 통보했다. 다른 방법을 찾아보자는 제안은 무시되었다. 많은 자료들이 겨울 동안 파쇄되었다. 문 닫는 일에 치여서 감상에 빠질 겨를도 없이 시간이 갔다.

사건이 터지기 전인 8월 10일. 광화문의 한 북카페에서 나다움 창작공모전 대상 수상작 출판기념회 겸 북콘서트를 열었다. 한낮까지 퍼붓던 비가 개면서 한여름 오후가 무르익던 그날. 카페 서가엔 새로 선정한 어린이책이 전시되고, 아담한 무대에는 이야기 손님들이 '성평등'한 어린이책의 '밝은' 미래를 논했다. 객석도 맞춤하게 북적여서 잘 짜여진 태피스트리 같은 하루였다. 그리고 이틀 뒤부터 벌어진 황당한 무협 스토리 덕에 북콘서트는 점점 더 근사하게 기억된다. 딱 여기까지가 좋았으니, 그다음은 타임 슬립하자. 시공을 훌쩍 건너뛰어 여기 '다움북클럽'에 접속한다. 세상 모든 이야기는 이렇게 끊일 듯 이어가며 자라나고, 자꾸 새로워지는 거니까.

이윤희

새롭게 항해하는 다움북클럽. 시작!

다움북클럽 추천 도서

자랑스럽고 사랑스러운 나를 위해서

김지은(아동청소년문학 평론가)

동의를 구합니다

보이지 않았던 존재들의 목소리가 힘을 얻고 어린이책의 세계에 더 자주 나타나고 있다. 즐거운 변화다. 차별의 벽은 건재하지만 그것이 변화의 방향을 바꿀 수는 없으며 임계점을 넘으면 더욱 의미 있는 본격적인 변화가 일어날 것이라고 짐작한다. 《오늘의 어린이책》은 1년에 한 번 발간하는 것을 목표로 시작하는 어린이책에 대한 리뷰 잡지다. 오늘 어린이가 만나는 책 속의 세계는 내일 어린이가 살아갈 책 바깥의 세계를 만드는 설계도가 된다. 이 책은 어린이가 책을 읽는 현장에서 전문적 경험을 쌓아온 편집자, 작가, 독자, 일러스트레이터, 시인, 교사, 평론가, 양육자, 교육학자 등이 책임감을 가지고 정성껏 만드는, 어린이책에 대해 이야기하는 책이다.

2019년부터 2020년까지 진행되었던 '나다움을 찾는 어린이책' 프로젝트는 이 잡지를 시작하는 토대가 되었다. 처음 시작하는 일이었기에 서툰 부분이 적지 않았고 정치권의 일방적이고 부당한 공격으로 종료해야 했지만, 예술적 완성도가 높고 시대감각에 부응하는 좋은 어린이책을 발굴하고자 노력했던 공동의 에너지마저 종료시킬 수는 없었다. 차별과 혐오가 횡행하는 상황에서 자라나는 어린이들에게 믿고 권할 수 있는, 성인지 감수성과 인권 감수성이 높은, 무엇보다 잘 만들어진 어린이책을 찾기 위해서 노력했던 사람들이 《오늘의 어린이책》의 창간을 위해 모였다. 다양한 전문가를 새롭게 모시고 마음과 머리를 맞댔다. 여러 가지 이해하기 힘든 장벽에 맞서면서 크고 작은 상처를 얻었던 나다움어린이책 사업이었지만, 그 경험을 토대로 《오늘의 어린이책》이라는 자유로운 지대를 마련해 더 많은 분들과 함께할 기회를 얻게 된 셈이다. 동의하는 분들이 많아지면서 세계도, 어린이들도 더 자유롭고 평등해지리라고 믿는다.

책, 어린이, 여성

어린이는 무엇을 읽는가. 과거의 책이 오늘의 책으로 건너오는 과정에서 어떤 것은 변함없고 어떤 것은 달라졌다. 우리나라에서 어린이를 위한 잡지와 책이 발간되기 시작한 지 어느덧 한 세기가량이 흘렀다. 돈을 안 받고 그냥 준다고 해도 가져가는 사람이 18명밖에 안 되었던 1920년대의 잡지 《어린이》 창간호는 불과 2년 뒤, 서울 인구 30만 명 중에 애독자가 10만 명에 이를 정도의 인기 잡지로 성장했다. 어린이들이 얼마나 간절하게 자신을 위한 글을 원했는지 알 수 있는 대목이다. 재미있는 이야기와 그림이 있는 곳에는 언제나 어린이가 기다리고 있었다. "어린이를 위한"이라는 최초의 말이 독자에게 주었던 설렘은 얼마나 컸을지 짐작해볼 수 있다. 예나 지금이나 책만큼 호연지기와 상상력을 자극하는 선물은 없다.

그 당시 우리 어린이들이 읽었던 책 속에서 여성 어린이는 어떤 모습으로 나타났을까? 여성 어린이는 다소곳하고 희생적이며 순종적인, 때로는 날개 달린 천사처럼 묘사되는 경우가 대부분이었다. 장

옷과 쓰개치마가 반닫이 안에 남아 있던 시절, 어린이책에 등장하는 독특한 이미지 하나가 눈에 띈다. 1936년 조광사에서 펴낸 《세계걸작동화집》의 표지다. 이 책은 장혁주를 비롯한 15인의 작가가 15개 나라 또는 민족의 동화를 두 편씩 선정하여 모두 30편을 번역한 뒤 수록한 번역 · 번안 동화집으로, 현재 고려대학교에 소장되어 있다. 표지와 일러스트는 안석주[1]가 그렸다. 한복을 입은 단발머리 여자 어린이 두 명이 표지의 주인공이다. 연두색 저고리에 남색 치마를 입은 어린이는 큼지막한 방패연을 손에 들고 있는데, 단호한 입매의 옆모습이 인상적이다. 주황색 저고리에 연두색 치마를 입은 다른 어린이는 독자를 향해 서서 무언가를 설득하듯이 당당히 정면을 본다.

근대 아동문학 연구자인 염희경은 이 표지 이미지의 방패연 한가운데 뚫린 방구멍 사이로 태극을 연상시키는 무늬가 보이는 것에 주목한다. 당시 소년들의 놀이로 익숙했던 방패연을 두 여자 어린이의 손에 쥐여주고 그 안에 숨기듯 태극무늬를 그려 넣은 것은 과연 우연일까 묻는다. 책장을 넘겨 목차를 살펴보면 과장되어 보일 정도의 넓은 보폭으로 씩씩하게 걷는 날카로운 눈매의 여성이 등장한다. 염희경은 안석주의 일러스트에 실린 활보하는 여성 아동의 이미지에서 댄디보이(dandy boy)와도 같은 무성성을 읽을 수 있다고 평가한다.[2] 여성은 어떠어떠해야 한다는 깊은 고정관념에 둘러싸여 성

---

1 안석주(安碩柱). 호는 석영(夕影). 1901~1950. 삽화가, 만화가, 영화감독, 작가로 활발하게 활동함. 1947년 발표된 노래 '우리의 소원(은 통일)'의 작사가이기도 하다. 그가 그린 어린이 만화 〈씨동이 말타기〉는 한국 최초의 어린이 만화로 알려져 있는데 《어린이》지 창간 2주년을 기념하여 1925년 1월호부터 연재되기 시작했다.

2 염희경, '근대 어린이 이미지의 발견과 번역 · 번안 동화집', 《현대 문학의 연구》 Vol.62, 한국문학연구학회, 104~105면. 2017.

장하고 있었을 그 시대의 어린이들에게 아마도 이 책의 일러스트는 신선한 자극이 되었을 것 같다. 여성의 삶, 여성인 자신의 모습에 대해서 조금은 다르게 생각하게 되지 않았을까. 책 속에 등장하는 용감한 모험의 주인공이 어쩌면 여성일 수도 있겠다고, 성별의 벽을 뛰어넘어 자신이 직접 이야기의 주인공이 되고, 빼앗긴 나라를 구하고, 저 동화 속에 나오는 드넓은 세계를 향해 나아갈 수도 있겠다고 상상하지 않았을까 짐작해본다.

그런 사람들도 살아요?

어린이를 위한 책은 꾸준히 발간되었고 세계에는 다양한 어린이가 살아가고 있지만, 그 책 안에 어떤 사람은 존재하고 어떤 사람은 거의 보이지 않는다. 어떤 사람은 끊임없이 보조적이거나 단순한 역할로만 등장하고, 처음부터 편견을 가지고 전형적으로 그려진다. 책과 현실은 거울처럼 마주 비추고 있어서 차별과 혐오의 표적이 되어온 약자가 책 속에서도 그 차별과 혐오를 감당해야 하거나 책이 현실의 편견을 더욱 강화하는 사례도 흔하다. 위스콘신 매디슨 대학(University of Wisconsin-Madison)의 아동도서협력센터(The Cooperative Children's Book Center, 이하 CCBC)에서 조사한 바에 따르면 2017년도 미국에서 출간된 아동도서에 등장하는 인물의 85.1%가 비유색인종(Non-People of Color)이었다. 아프리카계 미국인을 포함한 아프리카계가 3.3%였고 아시아계 미국인을 포함한 아시아계가 7.4%로 나타났다. 아프리카계와 아시아계 인물이 주인공이나 조연이 되는 경우는 장난감이나 동물, 자동차의 의인화된 캐릭터보다 훨씬 더 낮은 비율이어서, 아무리 책을 많이 읽는다 해도 눈을 씻고 찾아야 겨우 보인다.

CCBC의 이사이자 연구 책임자인 캐슬린 T. 호닝(Kathleen T. Horning)은 '나는 백인을 본다.(I See White People)'라는 글에서 센터가 연구를 시작한 이래 18년 동안의 자료를 분석한 결과를 거론하면서, 어린이책의 세계에 백인 아동과 백인 청소년만 보인다는 사실을 강도 높게 비판한 바 있다.[3] 책 표지에 등장한 인물 가운데 단 한 명만 유색인종이어도 유색인종 범주로 분류하면서 통계를 냈으나, 유색인종이 나오는 어린이책 비중이 전체의 10%에도 못 미친다는 것이다. 그는 어린이 독자들이 책 속에서 말해지지 않은 사람들의 삶을 만나기 위해서 도대체 얼마나 머나먼 길을 떠나야 하느냐고 따져 묻는다. 편중된 인물, 편향된 서사 속에서 어떤 어린이는 자신과 닮은 사람의 얼굴을 책에서 거의 만나지 못한 채로 어른이 된다. 왜곡된 시선으로 자신을 비하하거나 부당하게 위축될 가능성도 있다. 획일적이거나 차별적인 어린이 콘텐츠는 다양한 어린이들이 '나는 어떤 사람인가'를 이해하고 자아 존중감과 효능감을 형성하는 데 결정적인 장벽이 된다는 것이 그의 지적이다.

지난 어린이책 역사를 돌아보면 모험도 사랑도 도전과 극복도 1세계 국적을 지닌 비유색인종, 성별로는 남성 어린이의 몫이 압도적으로 컸다. 마리아 루소(Maria Russo)는 2018년 3월에 열린 뉴욕타임즈 베스트 그림책 65주년 기념 포럼에서 지난 세월 어린이책의 역사는 백인 남성의 역사였다고 꼬집어 말한 바 있다. 우수도서로 꼽힌 책의 95%가량이 백인 남성 어린이가 주인공으로 등장하는 이야기였다는

---

3 Kathleen T. Horning, I See White People, CCBC 홈페이지(ccbc.education.wisc.edu/i-see-white-people), 2013.

것이다. 그러나 새로운 그림책 작가들과 그들의 작품이 보여주는 경향은 하루가 멀다 하고 달라지고 있다면서, 인종, 성별, 종교, 국적 등에서 다양성을 담은 어린이책이 늘어나고 있는 현황을 소개했다.

실제로 변화하는 어린이책의 흐름은 선명하다. 성인지 감수성을 비롯한 인권 감수성과 다양성은 지난 4~5년간 걸작으로 평가받은 어린이책에서 두드러지는 공통된 특징이자 기준이다. 어린이가 앞으로 살아가면서 더욱 다양한 세계, 다양한 사람들과 마주칠 가능성은 백 년 전과 비교할 수 없을 정도로 높다. 함께 어울리고 같이 힘을 모아 일해야 하는 동료의 반경은 어디까지일까. 디지털 연결망이 우리를 이어주고 있는 지금으로서는 지구 전역에 미래의 동료가 살고 있다고 해도 지나친 말이 아니다.

다양성과 안정감의 관계

책 읽기는 어린이가 세계 시민으로 성장하는 기본 바탕을 마련해주는 일이기 때문에, 각국의 어린이책 관계자들이 여기에 기울이는 관심은 매우 적극적이다. 최근에 출간되는 어린이책들을 보면 차별적인 시선의 옛이야기를 새로운 관점에서 덮어쓰기 하면서 새로운 이야기를 만들어내는 경우가 많다. 남자다움, 여자다움에 대한 성역할 고정관념은 오랫동안 어린이의 자유로운 자기표현을 억압해왔다. 그러나 나다운 어린이가 되겠다는 어린이 주인공들의 다짐과 함께 그러한 고정관념은 점점 허물어지고 있다. 조손 가정과 한부모 가정을 비롯한 다양한 가족 관계가 자연스럽게 나타나는 책이 늘었다. 이주 배경을 지닌 어린이, 장애인 어린이를 비롯한 사회적 약자가 작품에 주체적으로 등장해 자신의 목소리로 경험을 들려준다.

　그림책에서 여러 가지 피부색과 다채로운 외모를 가진 사람들을 만나는 것은 기본이 되어가고 있다. 그동안 유색인종의 삶을 단일하게 대표해왔던 아프리카계뿐만 아니라 아시아계, 라틴아메리카계 인물과 이누이트, 아메리카 원주민의 삶까지, 있었지만 그려지지 않았던 수많은 존재의 하루하루가 어린이책에 등장하고 있다. 예를 들어 어린이책 속에서 귀여운 전통 의상을 입고 등장해서 풍속을 전달하는 데 그쳤던 아시아계 어린이 인물들이 최근 들어 작품의 주인공이나 중요한 캐릭터를 맡는 경우가 늘고 있다. 2021년 칼데콧상 수상작은 아메리카 원주민 여성과 어린이들의 수자원 보호운동을 다룬 《We Are Water Protectors》였으며, 명예상을 수상한 《A Place Inside of Me》, 《The Cat Man of Aleppo(행복한 고양이 아저씨)》, 《Me & Mama》, 《Ouside In(자연이 우리에게 손짓해!)》는 유색인종과 여성 어린이가 주인공인 책이다.

　《파도야 놀자》(2008)를 비롯한 경계 3부작과 여러 권의 걸작 그림책을 펴내며 안데르센상 최종 후보에 올랐던 이수지 작가는 철학적 사색을 즐기고 도전과 실패를 두려워하지 않는 아시아계 여자 어린이들을 주인공으로 세운다. 《선》(2017)에는 아시아계 여자 어린이가 스케이트를 배우면서 빙판에서 뒹굴고 쓰러지고 다시 일어선다. 붉은색을 제외하고는 채색을 절제하면서 라인 드로잉에 중점을 두었던 작가는, 최근작 《여름이 온다》(2021)에 이르러 다채로운 색상의 색종이를 오려 붙이며 더욱 적극적으로 다양성을 구현하는 방향으로 나아간다. 다 다른 모습을 지녔으나 함께 웃고 뛰며 어울리는 여름의 아이들 앞에서 인종이나 성별의 장벽은 보이지 않는다. 2021

년 아스트리드 린드그렌 추모문학상을 수상한 백희나 작가는 꾸준히 가족에 대한 사람들의 고정관념과 편견을 허무는 작업을 해왔다. 《어제저녁》이나 《달샤베트》는 우리 곁에 얼마나 다양한 가족의 형태가 있는지를 자연스럽게 보여준 작품들이다. 《이상한 엄마》, 《알사탕》, 《나는 개다》로 이어지는 흐름은 가족의 형태를 확장하고 반려동물도 가족으로 대하면서 생명을 존중하는 윤리적 감각을 키워준다.

지난 몇 년간 국내외 아동도서 출판 현장에서는 성인지 감수성을 고려한 그림책과 논픽션의 출간이 이어지고 있다. 논픽션 도서의 경우 인물 이야기가 이러한 흐름을 주도했다. 마리 퀴리, 헬렌 켈러, 유관순, 나이팅게일을 제외하고는 여성 인물의 삶을 책에서 만나기 어려웠던 어린이들은 이제 좀 더 풍성한 목록을 만나게 되었다. 여성 어린이는 과학자와 정치가와 운동선수와 군인과 우주 비행사를 그림책에서 만나면서 하고 싶었던 일의 목록을 수정한다. 남성 어린이는 슬픔을 예민하게 느끼거나 조용한 장소를 좋아하거나 인형을 꾸미고 다정하게 돌보는 습관이 남자답지 못한 것이 아니라 '나다운' 것이라는 점을 알고 당당해진다. 더 많은 어린이들이 자신과 닮은 얼굴을 그림책에서 볼 수 있게 되었다. 책 속에서 만나는 다양성은 어린이의 자기효능감을 향상시키고 안정감을 안겨주어 성장에 긍정적인 영향을 끼친다.

몸과 마음의 성장과 변화를 주체적으로 보는 어린이

건강한 어린이 성교육 도서는 성교육과 성폭력과 관련해서도 기본 정의와 개념을 충실히 설명하고, 다른 사람의 인격과 존엄성을 존중하는 사랑의 방식을 알려준다. 충분한 동의를 구하고 상대의 영역을 존중하면서 감정을 나누고 친구를 사귀는 방법을 안내한다. 성폭력에 관한 부당한 통념인 피해자 유책주의 이데올로기에서 벗어나게 한다. 성폭력의 위험을 어린이가 빠르게 알아차릴 수 있게 돕고, 위험에 처할 경우 안전한 곳으로 대피하며 주위에 침착하게 도움을 청할 수 있도록 구체적으로 안내한다.

성교육 도서에서도 서사와 그림의 예술성은 중요하다. 비슷한 내용을 다루더라도 완성도가 높은 책, 체계적으로 쓰인 성교육 책이 어린이에게 신뢰감을 준다. 특히 몸에 관련된 부분은 뭉뚱그린 추상적 설명보다는 과학적으로 검증된 자료를 제공해야만 독자에게 필요한 도움을 적절히 건네줄 수 있다. 두려움을 부풀리는 모호한 이야기보다는 어린이가 자신의 몸과 마음을 주체적으로 바라보고 어른에게 자연스러운 대화를 청할 수 있도록 돕는 내용이 중요하다. 이러한 책은 어린이가 성폭력의 위기를 염려하지 않고 스스로 안전하게 생활할 수 있도록 용기를 주고, 연대와 조력을 통해 위기 상황을 벗어날 수 있으리라는 의지를 북돋운다. 무엇보다 어린이 스스로 자신의 욕망을 이해하고 자연스럽게 받아들이게 하는 것이 중요하다. 미디어의 어두운 그늘 쪽으로 공을 넘겨주는 방식은 어린이를 더 큰 위험에 빠뜨릴 뿐이다. 성소수자의 이야기를 다룬 책은 취향과 지향성, 민주주의에 대한 이해와 함께 왜 소수자의 인권이 존중되어야 하는지를 이해할 수 있도록 돕는다.

공존과 공감의 출발점이 되는 오늘의 어린이책

《오늘의 어린이책》이 도서를 선정하는 과정에서는 몇 가지 기본

적인 원칙이 적용되었다. 가능한 한 신간 도서를 선정하고, 관련 주제에 대한 국내 도서보다 국외 도서가 더 많이 출간되는 현실을 고려하여 완성도에 있어서 비슷한 평가를 받은 작품일 때 국내 도서를 더 우선에 두었다. 그리하여 앞으로 우리 출판계와 작가들도 더욱 적극적으로 성평등 도서에 관심을 가져달라는 마음을 전달하고자 했다. 시리즈 도서일 경우는 대표적인 한 권만 선정하고 독자들이 이어지는 작품을 살펴볼 수 있도록 안내하는 것으로 했다. 또한 가능한 한 여러 출판사에서 출간한 작품이 골고루 목록에 반영될 수 있도록 했다.

나다움어린이책에서 다움북클럽으로 이어진 이 프로젝트에 일원으로 참여한 사람들이 공통적으로 경험한 것이 있다. 곳곳에서 이 일에 조언과 격려를 보내주는 분들을 많이 만났다. 외부의 압력에 의한 사업 종료 이후에도 우리 어린이들을 위해서 시급하고 꼭 필요한 일을 멈추지 말아달라는 당부가 이어졌다. 성평등 도서와 인권감수성이 높은 도서를 발견하고 어린이에게 전달하려는 노력은 일시적인 흐름이어서는 안 된다. 공존과 공감의 확대를 향한 지속적인 노력이어야 한다. 책을 만들고 펴내는 공급자, 어린이의 목소리를 전해주는 분들, 책과 어린이를 연결해주는 도서관과 책방과 학교에 계신 여러 독자 여러분의 적극적인 비판과 제안은 큰 힘이 된다. 아직 첫걸음에 불과하지만 많은 응원과 관심을 부탁드린다. 그 고마운 손길들에 힘입어 앞으로 어린이들이 살아갈 세계를 더욱 살 만한 곳으로 만들어갈 수 있기를 희망한다. 무엇보다 어린이가 자신의 몸과 마음, 삶을 자랑스럽게 여기고 사랑하는 일에 《오늘의 어린이책》이 꾸준히 기여하기를 바란다.

주체성

인물이 자신의 힘으로 생각하고

"산다는 건 백만 사천이백팔십아홉 가지의 멋진 일을
만나게 된다는 뜻이에요. 이제부터 탄이에게 일어난 일을 얘기해 줄게요.
때로 멋진 일은 너무나 슬픈 날 찾아온답니다."
— 《쿵푸 아니고 똥푸》(차영아) 중에서

행동하는 내용으로 구성되어 있는가?

1

Q1 인물이 고정관념에서 벗어나 자기발견과 성장을 추구하나요?

어린이는 다양한 경험과 모험 속에서 성장합니다. 그런데 여성 혹은 남성이라는 고정관념에 따라 생각하고 행동한다면 자기다운 성장을 기대하기 어렵겠지요. 각자의 개성에 따라 자유롭게 모험을 떠나며 자신을 발견해내는 당당한 어린이 주인공을 소개합니다.

Q2 인물이 타인에게 의존하지 않고 독립적으로 자아를 찾아가나요?

남에게 의존하지 않고 독립적으로 생각하고 행동할 수 있을 때 비로소 한 인물이 주체적으로 성장한다고 말할 수 있습니다. 혼자서도 당당하게 어려움을 이겨내고, 마침내 마음을 열고 우정도 키울 줄 아는 용기 있는 친구들을 소개합니다.

Q3 인물의 개성이 성별 고정관념으로 결정되지는 않나요?

남자다움과 여자다움에 대한 생각들은 가장 흔히 볼 수 있는 고정관념으로, 저마다의 다양한 개성이나 자유로운 생각과 맞지 않을 때가 많습니다. 단순하고 획일적인 고정관념이라는 틀에서 벗어나 나다움을 찾아가는 친구들을 소개합니다.

이까짓 거!

소피가 화나면, 정말 정말 화나면

소피가 속상하면, 너무너무 속상하면

절대로 실수하지 않는 아이

비 오는 날, 우산도 없고 데리러 올 어른도 없는 주인공 아이는 쓸쓸하고 막막한 기분으로 하늘만 바라본다. 이때 빗속으로 돌진하며 '넌 안 가?' 하는 친구 덕에 아이의 마음속에는 자그마한 힘이 솟는다. 함께 신나게 빗속을 내달리던 친구는 한참 간다며 풀쩍 떠나지만 아이 음에 한껏 싸든 씩씩함은 금세 꺾이지 않고, 어려움이 닥쳐와도 '이까짓 거! 하며 맞서 싸울 용기로 커나간다.

형제자매간 다툼은 응당 있기 마련이고 화는 응당 나기 마련이다. 그 화를 어떻게 다스릴 수 있을까. 단순한 구조와 텍스트지만 뿜어내는 듯한 그림이 통쾌한 카타르시스를 안긴다. 감정을 제대로 표현하고 다스린다면서 주스를 들이야 섯속한 인간으로 자랄 수 있으니, 화를 내는 방법을 이런 책에서 배울 일이다.

소피는 가장 좋아하는 나무는 기분 좋은 파란색으로 나무가 돋보이도록 하늘은 주황색으로 그린다. 친구들이 이 나무 그림이 '틀렸다'고 하는데 정말 틀리게 그린 걸까? 서생님은 소피가 다르게 느끼고 표현한 거라고 말한다. '다른'거는 '틀리다'가 아니며, 다름을 인정하는 것이야말로 나다움이 시작임을 잘 보여준다.

모든 일을 완벽하게 해내는 모범생 베아트리체는 다른 이들이 기대감이 실수 좀 바란다. 하지만 장기 자랑 대회에서 생애 첫 실수를 한두번 실수하는 자신을 받아들이면서 웃음과 여유를 찾는다. 실수투성이 남동생에 비해 베아트리체가 한 치의 오차도 없이 일을 해내는 장면이 대비되어, 남겨아이에게 더 넓게 찬느이 하용되지만 여자아이에게 엄격하게 다정함이 요구되는 문화를 되짚어 보게 한다.

박현주 글·그림 | 이야기꽃 | 2019
한국 그림책
32쪽, 207×224㎜
13,000원
ISBN 9788998751432

몰리 뱅 글·그림
박수진 옮김 | 책읽는곰
2013 | 미국 그림책
36쪽, 235×265㎜
12,000원
ISBN 9788993242935

몰리 뱅 글·그림
박수진 옮김 | 책읽는곰
2015 | 미국 그림책
40쪽, 234×262㎜
12,000원
ISBN 9791158360191

마크 팻·케리 루빈스타인글
마크 팻 그림, 노경실 옮김
두레아이들 | 2014
미국 그림책 | 36쪽
220×270㎜ | 12,000원
ISBN 9788991550544

학교에 간 공룡
앨리사우루스

이상한 나라의
정지오

우주에서 온
초대장

루비의 소원

공룡을 좋아하는 앨리는 다른 아이들도 자기처럼 공룡을 좋아하리라고 기대하며 학교에 입학하지만, 저마다 좋아하는 게 달라 실망하고 만다. 근데 다른 아이들도 마찬가지. 하지만 아이들은 공통점을 서로 다른 취향을 인정하고, 친구가 좋아하는 것에도 관심을 가지며 조금씩 가까워진다. 다양한 타인에 대한 이해와 배려를 연습하는 첫 초등학교 생활 적응기.

리처드 토리 글·그림
천미나 옮김|책읽는나무
2015 | 미국 그림책
32쪽, 220×287㎜
11,000원
ISBN 9788994077987

《이상한 나라의 앨리스》를 좋아하는 지오는 할머니 집에 왔다가 마치 앨리스처럼 자물 속 환상 세계로 떠난다. 그리고 푸른 옷의 붉은 것을 부우이, 기린과 봉황과 해태 등 전통 민화에서 만나 수 있는 여러 동물과 함께 시나는 모험을 즐긴다. 환상 세계에서 만나 여신님의 과연 누구였을까? 민화의 세계를 담은 화려한 꼴라쥬 그림으로 전통 문화의 환상성을 가늠하게 표현한 그림책.

은마 글·그림 | 모래알
2019 | 한국 그림책
44쪽, 260×260㎜
13,800원
ISBN 9791157852192

주인공 제이는 어렸을 적 그렸던 그림 속 친구들이 보낸 초대장을 받는다. 제비 담긴 만들기 방법대로 로켓을 만들어 우주로 떠나는 것. 제이가 도착한 곳은 바로 제이 영혼이고, 제이가 상상력을 잃지 않아야 행성이 망가지게 유지될 수 있다는 것이다. SF라는 낯선 배경에 메이커스 키트를 결합시켰으며, 과학 기술 기반 이야기를 여섯 주인공으로 풀어낸 저도 반갑다.

이은지 글·그림
한솔수북 | 2016
한국 그림책
32쪽, 230×270㎜
10,000원
ISBN 9791170280569

캘리포니아 골드러시 시절 미국에서 큰 부자가 되어 돌아온 루비의 할아버지는 큰 집에 사는 100명 넘는 손주들을 위해 가정교사를 들이지만, 다 남자아이를 위한 것이었다. 손녀 루비는 공부하고 싶어하지만 다 남자아이를 위한 것이었다. 손녀 루비는 공부해 대학에 가고 싶은 마음을 할아버지에게 솔직하게 전해 인정받는다. 불평등한 현실에 순응하기보다 제 뜻을 드러내고 도전하는 여자아이의 이야기가 실화를 바탕으로 펼쳐진다.

시린 임 브리지스 글
소피 블랙올 그림
이미영 옮김 | 비룡소
2004 | 미국 그림책
30쪽, 224×276㎜
11,000원
ISBN 9788894911155

진정한 챔피언

파울 에르라스미 글·레자 단턴드 그림, 이상희 옮김
머레앙
2019 | 이란 그림책
40쪽, 215 × 285㎜
13,000원
ISBN 9791157852352

양턴은 스포츠 챔피언 집안에서 태어났지만 운동선수가 되는 데는 통 관심이 없다. 어른들이 갖은이 바람에 주눅 들기도 하지만 무조건 기대에 따르지 않고 자기만의 방식으로 식구들을 행복하게 하고자 노력한다. 양턴을 진정한 챔피언으로 만들어든 자기만의 방법은 무엇이었을까?

아델라이드

토미 웅거러 글·그림, 김서정 옮김
천개의바람 | 2020
씽크스 그림책
48쪽, 200 × 270㎜
15,000원
ISBN 9791190077385

날개 달린 캥거루 아델라이드는 세상을 향한 비행을 시작한다. 그 과정에서 여러 친구들을 만나고, 굉장인 스타로 득극했다가 큰 사고를 당하기도 한다. 그리고 아이들을 구해낸 영웅이 된다. 누구도 아델라이드의 날개를 이상하게 여기지 않는다. 긴옷이 넘치고 현모가 없는 세상이기에 날개를 힘차게 펼칠 수 있는 것이다. 주체적으로 인쇄를 선택하고 살아가는 여성의 이야기이자, 바람직한 세상의 이야기로도 볼 수 있는 책.

할머니의 여름휴가

안녕달 글·그림 | 창비
2016 | 한국 그림책
56쪽, 233 × 267㎜
12,000원
ISBN 9788936454951

진귀하이고 지럽적이 태도로 노년의 삶을 누리는 여성이 등장하는 그림책. 주인공 할머니는 스스로 고안 난서롱기를 고치고 꽃마니 수여복으로 챙겨 자신을 위한 휴가를 떠난다. 가족을 위해서 자신의 욕망을 미룬 감추는 옛이야기 속이 희생적이 모성과 대조적이다. 환상적인 휴가지인 선물 가게에서 어린 시절 상상 친구 빨간머리 위와 든 주인이는 자연에서 할머니의 꿈은 아직 끝나지 않았음을 알 수 있다.

빨강이들

조혜란 글·그림 | 사계절
2019 | 한국 그림책
44쪽, 200 × 235㎜
12,000원
ISBN 9791160945201

빨간 버스를 타고 떠나는 할머니들이 신나는 단풍놀이를 담은 그림책. 나마에 우르르, 친구와 이야기 나누고 나만의 보슬피는 할머니들도 이제 더 이상 쓸쓸하거나 외롭지 않다. 함께여서 행복한 붉은 옷을 입은 할머니들 얼굴에 환한 미소가 가득하다. 알록달록한 빨간옷 차려 바느질로 표현한 그림은 보는 이의 마음을 포근하게 한다.

고만녜: 백년 전 북간도 이야기

새가 되고 싶은 날

책의 아이

나도 편식할 거야

100년 전에 여자로 태어났다면 어떻게 살았을까? 시대를 급격하게 변화하고 있으나 제대로 된 이름도 없고 금이자 배울 기회가 없었던 여자들의 삶. 고만녜 김난옥 선생님의 실화를 바탕으로 불꽃 같은 한 민족 속에서 치신을 다해 배우고 당당하게 자기 삶을 살았던 한 여자인 모습을 그려내고 있다. 에긴이 삶이 변함없이 미래도 변할 것임을 보여준다.

문영미 글, 김진화 그림
보림 | 2012 | 한국 논픽션 그림책
30쪽, 223×275㎜
16,000원
ISBN 9788943308957

사랑하는 사람이 세상을 떠날 때 어떤 마음이 되는지, 어떻게 사랑을 표현하면 되는지 이야기하는 그림책 주인공은 새를 좋아하는 친구 긴다라를 좋아한다. 긴다라의 마음 안에 들어가기 위해서 직접 긴 깃털로 만든 옷을 입고 새가 되기로 결심한다. 마침내 긴다라는 주인공을 바라보고 긴털 옷 뒤에 감추어진 사랑의 마음을 읽어한다. 상대를 이해하고 대화하면서 점점 커져 가는 사랑의 힘이 그려진다.

인그리드 사베트 글
라를 니에토 구라디 그림
김은관 옮김 | 비룡소
2019 | 스페인 그림책
44쪽, 170×240㎜
11,000원
ISBN 9788949113814

'책'이 이야기 주인공 소녀는 작은 배를 타고 소년이 집에 머물래 함께 머함을 떠난다. 옛이야기의 숲, 새상이의 산, 노래 구름을 지나 마법 같은 이야기가 펼쳐진다. 부드럽고 우아한 선 그림 위에 흰색추의 타이포그래피 그림이 대해졌다. 책을 읽는다는 것, 이야기를 사랑한다는 것이 어떤 의미인지 잘 보여준다.

올리버 제퍼스, 샘 윈스턴 글·그림 | 이상희 옮김
비룡소 | 2017
미국 그림책
40쪽, 250×260㎜
15,000원
ISBN 9788949113647

어른들은 편식하지 말라던 당당하는 세상에 나는 편식하겠다던 문지 결심하는 여자아이 이야기. 편식하는 아배에게 맛있는 반찬이면 보약이 쓴아게는 성콩이 너무 억울해서이라, 하지만 이래도 나무 맛있어서 편식 못기능하다. 입맛 열려 있는 사람이 시각도 열려 있는 뿐. 이 조금은 여자아이가 세상을 더 열린 곳으로 만들 것이다.

유은실 글, 설은영 그림
시게꿈 | 2011 | 한국 동화
56쪽, 160×210㎜
8,500원
ISBN 9788955285366

쿵푸 아니고 똥푸

욕 좀 하는 이유나

망나니 공주처럼

도개울이 어때서!

이 책에는 세 명이 주인공이 나온다. 권리코 좋신 엄마를 닮은 까무잡잡한 피부색 때문에 놀림받는 '분이', 아끼던 강아지를 잃은 '미자', 그리고 다른으로 연명하는 경옥이 시골서 라면 한 줄. 주인공들은 각자 남모를 아픔 이픔. 두려움 등 부끄러 사정이나 강점을 갖지만 서사형과 사랑 속 욕 통해 서로하는 유쾌한 동화 세 편.

혼준이가 거친 욕 때문에 속상한 소미는 아녀에게 '차이게 적인' 욕을 가르쳐 달라고 한다. 국어사전을 뒤져면서 새로운 욕을 만들기 위해 친구를 다한 아니는 드디어 혼준이와 겨루어 이름을 올린다. 그런데 아니도 소미도 마음이 좋지 않는 건 무슨 때문일까? 친잔지록 같지만 속 깊은 아니, 간솔을 얻기 위해 거친 행동을 일삼았던 혼준, 여리고 생각 많은 소미 등 등장인물이 매우 입체적이고 생동감 있다.

흔한 공주 왕자 이야기를 통쾌하게 반전시켰다! 영부 공주와 이 친구인 자수의 캐릭터가 매력적이어 만들어지고 사랑스럽다. 공주도 왕자도 백설도 남자도 여자도 아닌 나는 누구인가를 찾아가게 하는 책이다. 자기는 어린이 독자가 바람을 가르며 말을 타고 달리는 영부와 자수처럼 답답한 편견의 세계를 박차고 나올 수 있도록 응원한다.

도깨비 이야기인데도 전혀 괘스럽지 않다. 히말 잣늘에 자기다움을 찾아가는 서추 과정을 역동적이고 오늘날 어린이들이 현실을 도깨비라는 존재에 대비해 유쾌하고 올바르게 드러낸다. 도깨울이 어때서, 도깨비가 어때서, 내가 어때서, 라고 씩씩하게 외친다.

차연아 글, 한지선 그림
문학동네 | 2017
한국 동화
96쪽, 170×220㎜
10,000원
ISBN 9788954644310

류재향 글, 이덕화 그림
위즈덤하우스 | 2019
한국 동화
80쪽, 167×212㎜
11,200원
ISBN 9788962472066

이금이 글, 고정순 그림
사계절 | 2019 | 한국 동화
88쪽, 165×215㎜
9,000원
ISBN 9791160944570

원지영 글, 애슝 그림
사계절 | 2020 | 한국 동화
108쪽, 165×215㎜
10,000원
ISBN 9791160945386

주체성

코라와 악어 공주

줄리의 그림자

이사도라 문, 학교에 가다

아키시
: 고양이들의 공격

공주와 체력 단련과 정원 유지에 지친 코라 공주는 개를 기르게 해달라고 수줍 요청에게 기도하지만 막상 눈앞에 나타난 것은 무시무시한 악어! 악어는 대신 공주 역할을 맡겠다고 자청하고, 코라 공주는 밖으로 나가 실컷 놀고 쉬고 돌아온다. 존겨운 하루을 마치고 돌아온 코라 공주는 이제 자기 새우들 당당하게 말하는 용기 있는 사람이 되는데.

줄리는 머리 빗기와 목욕을 싫어하는 말괄량이지만, 엄마 아빠와 다른 사람들은 언제하고 단정한 줄리만을 사랑한다고 인정한다. 자신의 그림자가 남자아이라고도 하는 줄리는 정체성에 혼란을 느끼며, 짐짓한 말수로 속어들려 한다. "꼭 한 가지 이름표를 붙여야 하는 건 아니잖아. 너에게는 나만을 권리가 있어." 좋건된 지 40년이 지났지만 진화 낡지 않은 메시지가 담긴 아름다운 그림책.

요즘 엄마와 뱀파이어 아빠 사이에서 태어난 뱀파이어 여자 이사도라 문이 학교 갈 나이가 되자 혼란이 시작된다. 요즘 학교에서도 뱀파이어도 학교에서도 제대로 속하지 못하며 곳곳거리 취급을 받는 이사도라에게 진짜 어울리는 곳은 어디일까? 문유아 봉통 토끼, 겪주 밤새복과 반쪽이는 밤이들을 동시에 사랑하는 이사도라기가 진정한 나다움을 찾기 위해 누추하는 이야기.

아프리카의 잔느난라키 소녀 아키시의 일상은 언제나 흥미로운 일로 가득하다. 매일매일 모험 같은 일든 예상스러움든 새롭하게 펼쳐진다. 일상 속이 서가들에 차해 있게 맞서며, 어디서든지 진산이 하고 싶은 것을 하는 아키시의 매력에 푹 빠져게 되는 책, 지금까지 어린이책에서 흔히 보이던 구속을 찾 지르고 않는 여자아이의 이미지를 탐비하여, 서를 고정관념에 대해 통쾌한 진복을 선사한다.

로라 에이미 슐리츠 글,
브라이언 플로카 그림,
이예원 옮김
문학과지성사 | 2020
미국 동화
80쪽, 175×235㎜
15,000원
ISBN 9788932037516

크리스티앙 브뤼엘 글,
안 보줄레 그림, 박재연 옮김 | 이마주 | 2019
프랑스 그림책
60쪽, 250×250㎜
9,500원
ISBN 9791189044176

해리엇 먼캐스터 글·그림,
심연희 옮김 | 을파소
2018 | 영국 동화
128쪽, 138×200㎜
12,000원
ISBN 9788950977917

마를그리트 아부에 글,
마티외 사퐁 그림,
이희경 옮김 | 샘터 | 2019
프랑스 그래픽노블
92쪽, 180×234㎜
14,000원
ISBN 9788946472648

레고 나라의 여왕

우리는 돈 벌러
갑니다

어느 날 그 애가

우리들의
에그타르트

엄마는 아프고 아빠는 부재해서 외톨이만 한 여성 어린이의 목소리에 귀 기울이다 보면 동시는 결국 마음을 울리는 사적 첫울음을 새삼 확인한다. 슬픔과 쓸쓸함에 굳굳하는 독자가 결국 얻게 되는 건 위로와 힘임이니, 슬픔없는 문학이 쓸모가 바로 여기에 있다.

어촌라는 친구 박은수가 죽음을 시는 삶어 하자 함께 돈을 벌기로 결심한다. 초등학생들의 첫 아르바이트는 성공일까 실패일까. 엄마니가 집에서 운영을 마을을 가고 얻는 대가가 만 원짜리 한 장이라는 현실을 이야기에 여기게 된 것으로 모험의 이미는 충분하다.

여자 어린이 주인공 이야기만 다섯 편이 실려 있는 단편동화집. 부모의 재혼으로 새 가족이 된 지매(?)는 연애이 가득, 연애이 키, 아이돌 덕후로 살아가는 마음, 아빠의 변화하고 낯선 시골 생활 등의 경을 평온해 보여며 각자에게 도전인 삶의 이야기이 반복하던 진중하게 펼쳐진다. 한 이야기이 보조 인물이 다른 이야기의 주인공으로 나와, 숨은그림찾기 하듯 인물을 발견하는 잔잔한 재미도 있다.

충복 종곡에 사는 네 명의 여성 어린이가 처럼 먹는 에그타르트. 맛에 반해 한국 각지인 마카오로 직접 기겠다며 예비 후보부터 일정 계획까지 관심사 넘치는 오늘 여행 계획을 세우나 실행한다. 지방 소읍을 배경으로 펼쳐지는 어린이들이 도전이 더욱 통쾌하다.

김개미 글, 김정은 그림
창비 | 2018 | 한국 동시 |
116쪽, 151×207㎜ |
10,800원
ISBN 9788936447335

진형민 글, 주성희 그림
창비 | 2016 | 한국 동화
156쪽, 152×225㎜
10,800원
ISBN 9788936442873

이은용 글, 국민지 그림
문학동네 | 2017
한국 동화
152쪽, 153×220㎜
11,500원
ISBN 9788954644259

김혜정 글, 최혜원 그림
웅진주니어 | 2013
한국 동화
192쪽, 168×214㎜
9,500원
ISBN 9788901161174

헌터걸

: 거울 여신과 헌터걸의 탄생

물이, 길 떠나는 아이

댕기머리 탐정 김영서

푸른 사자 와니니

여성 어린이 주인공이 열심히 훈련 끝에 마법 활을 쓰는 궁사가 되어 주변 나쁜 어른들을 직접 물리치고 우두머리까지 소탕하려 한다. 동화와 청소년소설에서 자존의 여성 주인공이 모험과 성장을 그린 원작가의 장편을 시리즈 2, 3권으로 갈수록 더 재미있다. 5권으로 완간.

김해원 글, 윤정주 그림
사계절 | 2018
한국 동화
184쪽, 130×197mm
12,000원
ISBN 9791160943603

15년 전 처음 출간된 책이지만 옛이야기 형식의 여성 성장 서사로 여전히 독자에게 많은 이끎담을 품고있다. 물이의 영웅 한 조각이 구운이가 되어 물이를 떼뜨게 만들고, 구함이가 때문에 사람들이 곰무와 배꽃을 탄다가, 결국 물이에게로 다양한 해석의 서사를 불러일으킨다. 이를 여성 서사로 읽어야 하는 건 독자의 몫으로 열려 있다.

임정자 글, 이윤희 그림
문학동네 | 2005·2020
한국 동화
164쪽, 153×220mm
11,500원
ISBN 9788954670326

일제강점기를 배경으로 탐정 김영서가 펼쳐지는 활약을 그린 째미있는 추리동화다. 영서는 억울한 누명을 쓴 아버지의 무죄를 밝혀내는 과정에서 두렵고 무서운 진실을 마주하게 된다. 어른들이 양신여긴 속에서도 흔들리지 않고 부투하는 영서의 모습이 감동적이다. 논리와 지혜로 무자한 여자 어린이 용기가 어떻게 세상을 더 진실 가까이 나아가게 하는지 보여준다.

정은숙 글, 이영림 그림
뜨인돌어린이 | 2013
한국 동화
180쪽, 163×230mm
11,000원
ISBN 9788958074601

사자의 왕 와니니는 여성 지도자의 멋진 모습을 보여주서 감한 것, 용감한 것, 앞서가는 것, 지배하는 것에 대한 고정관념을 깨짓이 하면서, 좋은이 삶, 생존을 위한 전투, 믿어 정의 움이 함께 대한 묘사가 드넓은 공간을 배경으로 장엄하게 펼쳐진다. 진정한 지도자의 용기와 지혜를 배울 수 있는 작품이다.

이현 글, 오윤화 그림
창비 | 2015 | 한국 동화
216쪽, 152×223mm
10,800원
ISBN 9788936442804

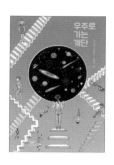

우주로 가는 계단

작품 속 두 여성이 세대를 뛰어넘어 나누는 우정에 놀라고,
편안해지고 마음내 참시 눈물이 난다. 물리학자 할머니나 과학세계
손자를 좋아하는 지수의 논리적인 연애도 따뜻한 데이트는 영상과
과학이 엄마나 가까워질 수 있는지 보여준다. 판타스틱한 '꿈날'이
아름답게 인용된 작품이다. 오래 마음더 싶은 작면이 많다.

전수경 글, 소윤경 그림
창비 | 2019 | 한국 동화
176쪽, 152 × 223㎜
10,800원
ISBN 9788936443030

별빛 전사 소은하

은하의 게임 아이디는 '별빛 전사'. 인기 있는 유니콘피아 게임에서
최고수인 플래티넘 레벨이 멈지 않는다. 근질거리던 안쪽 손목에
뿔무늬가 나타나던 날, 은마는 놀라운 비밀을 전해듣는 은하에 엄마가
지구에서 500만 관녀 떨어진 헥시나 행성의 후예라는 것. 외롭있던
은하의 일상에 대반전이 펼쳐진다. 현실과 가상 세계, 지구와 우주를
오가는 감동적인 SF 판타지 무협 이야기가 흥미롭다.

전수경 글, 센개 그림
창비 | 2020 | 한국 동화
180쪽, 152 × 223㎜
10,800원
ISBN 9788936443122

승리의 비밀

정미이는 3년 동안 후보가 없었던 학새회장 선거에 좋아에 쉽게 당선하
좋 알았나. 하지만 후보는 자기마저 셋. 꼭 이기고 싶은 점미는 인터넷을
통해 수상한 정치 컨설턴트와 손잡는데, 초등학교 회장 선거 과정을 통해
정치와 선거의 본질과 의미를 이야기하며, 서의지 감수성이나 어린이를
주체적인 시민으로 대하는 태도 면에서도 뛰어난 작품이다.

주예행 글, 김윤주 그림
마음이아이들 | 2020
한국 동화
220쪽, 148 × 210㎜
11,000원
ISBN 9791162100608

우리 반 마리 퀴리
: 마리 퀴리, 과학 경진대회에 도전하다

죽음 직전 마리 퀴리의 영혼이 100년 뒤 대한민국 12살 서마리의
몸속으로 들어와 일어나는 일들 그린 통미진진한 SF. 마리 퀴리의
시대와 오늘날의 대한민국을 오가며 펼쳐지는 시공간 속에 마리
퀴리의 업적과 인간적인 면모, 가족 다양성, 젠더 정체성이 이런 시의성
높은 주제를 자연스럽게 녹아내어, 이야기를 읽는 재미까지나 과학
지식 동시에 얻을 수 있다.

조제지 글, 인병언 그림
리틀씨앤톡 | 2020
한국 동화
228쪽, 153 × 220㎜
12,000원
ISBN 9788960986343

| **열세 살의 여름** | **투명인간 에미** | **안녕, 알래스카** | **유원** |

열세 살의 여름

우수한 국내 창작 그래픽노블을 쉽게 찾아볼 수 없던 아쉬움을 단번에 날려준 한국 그래픽노블. 1998년이라는 시대 배경이 지금의 어린이 독자와 동떨어져 있지 않던 여겨지는 이유는 열세 살 어린이들의 사랑과 우정을 20년이 지난 지금도 충분히 공감할 수 있도록 표현하였기 때문이다. 어린이 독자는 나와 으면서도 또 다른 이야기를 발견하는 재미를 느낄 수 있을 것이다.

이윤희 글·그림 | 창비
2019 | 한국 그래픽노블
488쪽, 153×210㎜
20,000원
ISBN 9788936447489

투명인간 에미

열세 살 에미가 학교생활을 하면서 겪는 갈등과 어려움을 섬세하게 그려낸 그래픽노블. 좋은교과 배경이지만 초등하고 그러낸이 읽기에 큰 무리가 없다. 몸이 변화, 성적인 감정 차단 만들림이 가득해게 이해된지 못할 때이 막막한 그림과, 꿈들안 관계에 대한 고민 등이 잘 드러나 있다. 성장에 대한 건강한 시선이 돋보인다.

테리 리벤슨 글·그림
황소연 옮김 | 비룡소
2019 | 미국 그래픽노블
192쪽, 140×203㎜
13,000원
ISBN 9788949140247

안녕, 알래스카

사랑에 세상에 쉬이지 않는 봄 때문에 갑자기 쓰러지는 자신이 화가난다고 하다가도 괜찮은 이곳에 앞서시이 거짓말 같다고 단생긴고 괜찮은 이것 잘이지 않는이가 때문이라고 배려하고 위해본은 사촌이 두 친구가 영리한 도우미견 안녕씨와 함께 사건을 해결해 나가는 이야기로 서로 다름을 인정하고 연대하는 일이 얼마나 든든한 버팀목이 되는지 알 수 있다.

안나 볼츠 글, 나현진 옮김
문학과지성사 | 2021
네덜란드 청소년 소설
252쪽, 130×210㎜
14,000원
ISBN 9788932038193

유원

십여 년 전이 사고로 언니를 잃고 부모의 기대와 세상이 구원에 맞춰 하루하루를 견디는 유원. 새로 사귄 친구 수현이 거침없는 성격이 신기하고 부럽기만 하다. 그런데 수현이 유원 사이에 감춰져 있던 비밀이 드러나면서 유원은 그동안 외면했던 과거의 이름을 돌아보게 되고 아픔을 통하여 상처를 딛고 자신을 찾아가는 청소년이 성장 이야기가 따뜻하고 흥미하다.

백온유 글 | 창비 | 2020
한국 청소년 소설
228쪽, 152×210㎜
12,000원
ISBN 9788936456962

보란 듯이 걸었다

양춘단 대학 탐방기

김애란 글 | 창비교육
2019 | 한국 청소년 시집
140쪽, 145×210㎜
8,500원
ISBN 9791189228859

가족이 여러 형태를 가감 없이 보여주며 서영이와 이분법을 비롯한 가족 을 응 패러다임에 갇히지 않은 다양한 시적 화자들이 담당한 목소리를 들려준다. 특히 학교 밖에 있는 여성 청소년, 일하는 여성 청소년들이 삶에 가까이 다가가 그들의 고민을 그려낸 시점이다. '엄자에는 어떠어떠해야 한다는 세상이 시선 아른들이 강요에 맞서 청소년 자신의 느낌과 생각을 흔들림 없이 말한다.

박지리 글 | 사계절
2014 | 한국 청소년 소설
388쪽, 128×188㎜
12,800원
ISBN 9788958287193

집안 사정으로 초등교육밖에 받지 못했지만 늘 배움에 목말라하던 양춘단 씨는 대학의 환경미화원으로 일하는 거야므로 빠듯하고 만족스럽다. 동료들이 노동조합에도 참여하지 않던 그는 어떤 계기로 대학라 그 안에서의 노동 현실에 대해 눈뜨고 저항하는데...

'오직 어린이의 목소리'와의 콜라보

반반(교육프로그램 기획자)

다움북클럽 추천도서 목록은 토론의 결과물이다. 논쟁적인 책도 있고 보자마자 감탄을 자아냈던 책도 있다. 성인지 감수성을 날카롭게 벼리지 않으면 작은 차이들을 놓치기 쉬워서 한 권 한 권, 토론은 필수였다. 그 고민의 궤적을 책마다 추천의 변으로 담았다. 그런데 정작 책의 주인이 될 어린이들의 의견을 따로 반영하지는 않았다. 어린이 독자가 창작공모전의 심사위원이 되기도 할 만큼 독자의 관점이 중요한 시대, 우리 큐레이션에도 어린이 독자의 의견이 수렴되면 좋을 것 같았다. 어린이들도 재미있어할까? 혹시 어린이의 선택은 다르지 않을까?

확인해 보기로 했다. 다움북클럽의 책들이 '어린이들이 더 좋아하는'이라는 수식어까지 달 수 있을까? 혼자 하기는 힘든 작업이었다. 작년에 겪은 뜻하지 않은 '사태' 이후 사회관계망서비스와 소원해져서 어린이들을 모으기 쉽지 않았다. 그래서 무턱대고 도움을 청했다. 동네에 터 잡고 어린이와 양육자들을 가까이 만나고 있는 책방 사춘기의 주인장 유지현 씨에게 손을 내밀었다. 사전에 비슷한 이야기를 한 번도 나눈 적 없음에도 지현 씨는 선뜻 맞장구를 쳐 주었다. "사실은 저도 그게 늘 궁금했어요. 어른들이 소개하는 책들을 정말 아이들도 좋아할까요?"

어린이 참여자를 뽑고 책 모임 자리를 마련하는 일은 지현 씨가 담당하고, 나는 책들을 고르고 이야기를 정리하는 작업으로 역할 분담을 했다. '어린이 도서평가단, 오직 어린이의 목소리(오소리)'와 '다움북클럽'의 콜라보 책 모임은 일사천리로 추진되었다. 한 번에 10권 정도의 책을 다 함께 읽고 어린이가 직접 비평하고 어린이가 정한 열쇳말에 따라 분류하는 방식으로 모임은 이어졌다. 저학년과 고학년을 따로 만났는데, 연령대에 따른 독해력 차이를 염두에 두었다기보다는 또래 모임일 때 이야기가 더 활성화될 것을 기대했다.

어린이들은 테이블 위에 쌓인 책들을 서로 돌려가며 모두 읽었다. 그리고 '친구에게 권하고 싶은 책', '가장 마음에 드는 책', '이해되지 않는 책', '재미있는 책', '가장 인상적인 장면', '주인공이 나를 닮은 책' 등등 여러 질문에 답했다. 한 권의 책을 씹어먹듯 천천히 읽는 경험은 많이 했을 테니, 여러 권을 훑어 읽으며 비교하고 서로의 생각을 견주어 본 시간이 새롭고 재미있는 경험이었길 바란다.

어린이들이 책 읽느라 바빴다면 지현 씨와 나는 '질문'을 짜내느라 긴장한 시간이었다. 독서 활동에서 질문의 중요성은 아무리 강조해도 지나치지 않다. 미리 질문들을 구상하긴 했지만 책 이야기는 때로 예상 밖으로 튀기 때문에 적절한 되먹임 질문을 찾지 못해 허둥거리기도 했다. 그때마다 현장 경험 대장인 지현 씨가 나서서 모임을 이끌어 주었다. 든든하게 함께하고 있는 지현 씨에게 감사 인사를 전한다.

현재 책 모임은 반 정도 진행된 상태이다. 결과를 모아 어린이 버전 큐레이션을 만드는 데까진 앞으로 몇 개월은 걸릴 것이어서 다소

이르고 미진한 대로 현재 진행의 이야기를 정리해 본다.

어린이의 선택은 어른의 선택과 무엇이 같고 무엇이 다를까? 다행스러운 사실은 '어린이는 어떤 책을 좋아하는가?'에 관하여 책 시장에서 말하는 마케팅 포인트나 어린이책 전문가들의 견해가 틀리지 않다는 점이다. 어른들이 봉창을 두드린 건 아니라는 말이다.

호기심, 재미, 상상, 새로움. 앗! 답이 너무 뻔한가? 그러나 어린이책이든 어른 책이든 이 네 키워드를 벗어나서는 험난한 책 시장에서 살아남기 어렵다. 네 가지 모두에 해당하면 베스트셀러가 될 것이고, 그중에 한둘이라도 충족해야 약간이나마 인정받을 수 있다. 좋은 책이 모두 '잘 팔리는 책'이 되는 건 아니지만, 이 프로젝트는 '독자의 선택'을 알아보려는 것이니까. 한 걸음 더 나아가 '이야기' 자체도 조금은 익숙한 점이 있어야 독자들을 끌어당긴다. '오, 나도 아는 거야!' 에서부터 텍스트와 독자는 가까워진다.

그러면 어린이들은 읽은 책들을 어떻게 분류했을까? 다움북클럽에서는 자기긍정, 다양성, 공존의 3대 가치로 도서를 크게 분류하고 '주체성, 몸, 일, 가족, 사회적 약자, 표현, 혐오, 인정, 안전, 연대'의 10개 범주로 큐레이션했다. 책의 소재와 주제에서 끌어낸 개념들이라 어린이에겐 확 와닿지 않는다는 이야기를 들었었다. 그래서 이번에는 어린이의 생활 세계에 가까운 주제인 '놀이, 몸, 가족' 이야기부터 책을 읽어나갔다.

지난 다섯 번의 책 모임에서 나온, 책을 분류하는 열쇳말들을 소개한다. **노력, 깨달음, 믿음, 자유, 행복, 외로움, 고정관념.** 세간에 화제가 되었던 '몸' 책들은 특히 자유, 행복, 외로움 같은 철학적이며 심리적인 열쇳말로 귀결되었다. 또, 다움북클럽 큐레이션처럼 어린이들이 꼽은 열쇳말도 한 권의 책에 2개 이상이 중첩되어 나타났다. 《빨강이들》은 '깨달음'과 '자유'의 책이고, 《3초 다이빙》은 '노력'과 '믿음'의 책이며, 《이까짓 거》는 '깨달음'과 '믿음'의 책이라는 식이다.

《이까짓 거》의 경우, 비 맞고 뛰는 경험을 용기로 해석하기보다는 '우산을 꼭 가져와야겠다.'는 깨달음으로 표현한 어린이가 있었다. 요즘에는 비 맞을 일이 별로 없어서 작가 의도와 달리 '빗속 달리기'는 매우 불편한 경험으로 받아들여진다는 인상을 받았다. 우산 들고 올 어른이 부재한 친구를 떠올리며 이야기를 더 풀어보면 좋았을 것이다. 그러나 어른의 개입을 최소화하고 참여 어린이의 삶과 경험에서 나온 이야기만을 다루기로 작정한 프로젝트여서 그 자체로 의미 있다고 여겨진다.

따가운 이야기부터 해야겠다. 책이 마음에 들지 않을 때 어린이들은 이렇게 말한다. '그림이 너무 복잡해서 눈에 잘 안 들어온다. 이해하기가 어렵다. 내용이 없는 것 같다. 남자, 여자를 구분하는 방식으로 쓰여 있어서 싫다. 쓰다 만 것 같다. 나랑 반대라 별로다. 너무 짧게 끝나버렸다. 같은 내용이 반복되는 느낌이라 지루하다.'

긍정적인 평가도 많았는데 대표적인 것만 소개한다. '웃음이 난다. 우리 엄마 닮았다. 신기하다. 불쌍하다. 나도 한번 해 보고 싶다. 그림이 재미있다. 뒷이야기가 궁금하다. 특이하다. 주인공이 잘돼서 다행이다. 포기하지 않는 모습이 멋지다. 다르게 생겨도 용기를 내면 할 수 있어서 좋았다. 친구에게 권하고 싶다. 느낌이 좋다. 쉽게 얘기해서 좋았다……'

여러 어린이가 예외 없이 전적으로 지지하며 인상적인 비평을 남긴 책도 있다.

다움북클럽 그림책을 보며 의견을 나누는
오소리 도서평가단 어린이들

《빨강이들》. 할머니 이야기를 아이들이 이토록 즐거워할 줄은 미처 몰랐다. '명랑한 할머니들이 우리도 못 올라가는 나무로 올라가는 게 신기하고 재밌다.', '혁명 이야기인 줄 알았는데 전혀 아니어서 좋았다. 기운이 별로 없는 할머니들이 여럿이 모여 참 잘 논다.', '할머니들 성격이 나랑 비슷한 거 같다. 재미있게 잘 놀아서 신기하다.' 어린이 비평에 가장 자주 등장하는 단어는 '신기하다'이다. **'우와, 이거 신기한데!'** 이야기에 빠져들게 만드는 주문인 셈이다.

《슬픈 란돌린》. 가장 놀라운 어린이 비평을 접했다. '란돌린과 주인공은 가족 같은 사이라고 느껴진다. 인형이 말을 하는 게 처음엔 이상했는데, 나중엔 감동적이었다. 주인공이 스스로 비밀을 말하는 마지막에 나 자신이 뿌듯하고 자랑스럽게 느껴졌다.' 한 권의 책을 읽고 '나 자신이 자랑스럽다.'고 느꼈다면 서사에 몰입하여 인물에 동화되었을 때 나올 수 있는 소감일 것이다. 애착인형 란돌린과의 대화로 힘을 얻은 주인공 브리트가 언제나 반겨주는 이웃 아줌마에게 자신의 나쁜 비밀을 이야기하고 아픔에서 해방되는 이 아름다운 그림책은 어린이 독자에게도 똑같은 심리적 해방감을 안겨주었다. 어린이들이 장면 장면을 꼽으며 다소 격앙된 목소리로 《슬픈 란돌린》을 이야기할 때, 지켜보는 어른 둘도 코끝이 찡했다.

단어 하나 때문에 그림 한 컷 때문에 추천도서 목록에 올리지 않은 꽤 좋은 책들이 있다. 다양성과 공존의 가치를 훼손하는 어휘와 그림들은 작은 것도 놓치지 않으려 했다. 그렇게 검토해도 여전히 다른 의견은 있을 수 있다. 합리적인 비판이라면 상대의 판단을 존중한다. 다름을 인정하는 것이 '다움북클럽'의 지향이고 핵심 가치인 만큼 합리적 비판은 수렴하려고 애쓴다. 그러나 영 아닌 의견도 있다.

틀림과 다름을 구분하지 못하는 사람은 늘 있고, 비난을 비판이라고 주장하는 사람도 여전히 있다. 그 시간을 다움북클럽도 겪었다.

《슬픈 란돌린》은 추천 목록에 아예 들어가지 못한 '나쁜 비밀'이 숨어 있는 책이다. '가해자 남자 어른의 묘사가 너무 사실적이라 모든 남자를 가해자로 오해할 수 있다.'는 주최측의 삭제 의견을 수용했다. 부끄러운 기억이다. 비슷한 이유로 처음부터 목록에서 지운 책들이 모두 11권이다. 숨겨두었던 나쁜 비밀, 강제되었던 봉인을 해제하고 아이들과 함께 이 책들을 읽으니, 그래서 더 기뻤다. 최근 좀처럼 느끼기 어려웠던 '뿌듯하고 자랑스러운 마음'이 든 건 어린이 비평가들 덕이다. 오소리와의 콜라보가 여름 한철 파일럿 프로젝트로 끝나면 꽤 아쉬울 거 같다. 조회 수와 시청률을 어떻게 높일지 고민 좀 된다.

예민한 교사들의 예민한 책 고르기

예민한 도서관(김소연, 박다솜, 정승연, 주해선)

트위터, 인스타그램 @yemin_library

학교 도서관에서 어린이들에게 가장 인기 있는 책은 무엇일까? 많은 어린이가 좋아하는 책들은 어린이에게 권하기에 적절할까? '예민한 도서관'은 2019년, 성평등한 어린이책 읽기의 중요성을 느낀 교사들이 함께 만든 모임이다. 우리는 스페인 바르셀로나에서 시작된 #LetBooksBeBooks(성별을 구분하여 책을 추천하는 표시를 중단하자는 캠페인) 활동을 모티브로 하여, 어린이책을 성평등 관점으로 읽고 연구하며 나누는 것을 주요 활동 목표로 정했다. 하지만 매일같이 새롭게 출간되는 수많은 어린이책 가운데 어떤 책을 읽어야 할지, 좋은 책은 어떤 기준으로 정해야 할지 등 고려할 지점들이 너무 많아 첫발을 내딛기가 막막하기만 했다.

그때였다! 어린이책 전문가들이 '나다움어린이책' 목록을 선정하고 배포하는 사업을 시작했다는 소식을 들었다. 선정 기준을 살펴보니 성인지 감수성의 바탕이 되는 자기긍정, 공존, 다양성을 주제로 채택하고 있어, 성평등한 어린이책 읽기의 커다란 나침반을 찾은 것 같았다. 어린이를 어떻게 바라보고 있는지, 어린이와 함께 나눌 수 있는 이야기의 주제는 무엇인지 세심하게 고려하여 짜인 나다움어린이책 목록을 처음 만났을 때, 그저 이야기의 세계가 넓어지는 것뿐만 아니라 어린이들과 만나는 우리의 세계가 넓어지는 기분이었다. 또한 그림책과 이야기를 좋아하는 평범한 독자로서도 정말 반가운 일이었다.

그리하여 우리는 그림책 수업 자료를 개발하고 온책읽기 수업 지도안을 구안, 실연하는 데 나다움어린이책 목록에서 소개하는 책들을 적극적으로 활용하였고, 더 많은 선생님과 양육자들에게 홍보하기 위한 카드 뉴스도 함께 제작하였다. 또 다솜, 해선 선생님이 근무하는 학교에서는 나다움어린이책 목록의 책들을 학교 도서관에 기증하는 '나다움 책장' 사업에도 참여하였는데, 이에 대한 기대감을 담아 어린이들이 직접 개소식 초대장을 다양하게 꾸며보는 시간도 가졌다.

성평등 어린이책으로 시작하는 새 학기 첫날

일 년 동안 함께 지내게 될 어린이들을 만나는 첫날, 어린이들에게 전하고 싶은 말이 있다. 그리고 이 말을 잘 전달할 방법으로 나다움어린이책 목록에 있던 《절대로 실수하지 않는 아이》가 떠올랐다. 처음 만나는 선생님과 친구들 사이에서 긴장된 모습으로 앉아 있는 어린이들에게 이 책을 읽어주며 말했다. "우리는 절대로 실수하지 않는 아이가 아니라 실수해도 괜찮은 아이가 되어 보자." 그리고 우리는 다 함께 실수를 연습했다. 1 더하기 1은 3이라고 말하고 강아지를 보고 개구리라고 말하면서 실수를 연습하는 동안, 교실에서는 웃음소리가 끊이지 않았다. "올해는 실수해도 될 거 같아요.", "이제 발표하는 게 두렵지 않아요."라며 한 해를 시작한 우리 반 어린이들은 친구가 실수해도, 선생님이 실수해도 "괜찮아, 그럴 수도 있지."

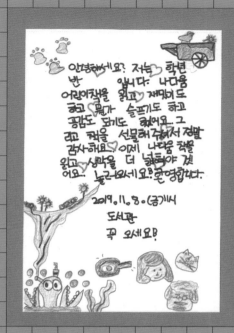

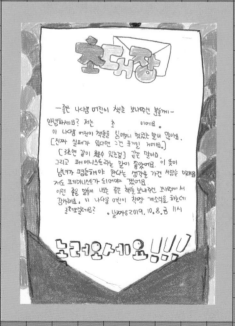

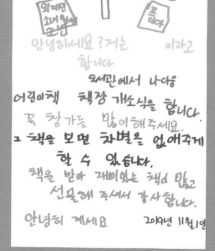

어린이들이 만든 나다움 어린이책 책장 개소식 초대장

라고 이야기한다. 40분간의 짧은 수업이었지만 한 해 동안의 교실 생활에 큰 영향을 미쳤다. 지금도 어린이들과 함께 나누고 싶은 이야기가 생기면 가장 먼저 이 목록을 살펴보곤 한다.

편견이 벽이라면 "왜?"라는 망치로 조금씩 깨부술래!

학급문고에 꽂아둔 《오, 미자!》를 읽은 한 어린이가 성차별 철폐를 주제로 《우리도요!》라는 그림책을 창작했다. 이 그림책의 주인공 각각 다른 시대에 사는 열 살 여자 어린이 세 명으로 모두 '서리'라는 이름이다. 주인공들은 성차별을 겪는 상황을 그냥 받아들이지 않고 "왜?"라고 외친다. 이 그림책을 읽은 다른 어린이들은 "이 세상 모든 서리가 무엇이든 할 수 있는 친구가 되었으면 정말 좋겠어!", "편견 속에 살아야 하는 여자들이 불쌍해.", "편견을 가진 사람이 아직도 있어서 기분이 나빠."라고 감상평을 남겼다. 이 그림책을 창작한 어린이 작가의 말이 아직도 기억에 남는다. "편견이 벽이라면 '왜?'라는 망치로 조금씩 깨부술래요." 성평등 관점에서 쓰인 어린이책이 더 많아지길, 그리하여 어린이들이 세상을 예민하게 바라보는 감수성을 꾸준히 키울 수 있길 기대해 본다.

내가 전학을 간다면?

성평등 어린이책에는 우리가 사는 세상에 다양한 사람들이 함께 살아가고 있다는 걸 보여주는 이야기가 있다. 《수상한 아이가 전학 왔다!》는 책을 읽으면 읽을수록 주인공 토미가 어떤 어린이인지 궁금해진다. 토미는 자신을 주체적으로 드러내면서 우리 생각 속에 자리 잡았던 편견을 하나씩 깨뜨린다. 자신이 가지고 있던 생각의 틀

우리들은 10살 서리예요.

우리들은 매일 "왜?"라고 말하지요.

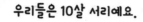

나도 서리예요.
왜?

나는 축구 하면
안 돼요?

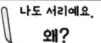

과거의 서리도, 지금의 서리도, 미래의 서리도

언제나 기운이 넘쳐요.

어린이가 만든 창작 그림책 《우리도요!》

이 깨질 때 어린이들은 깔깔깔 경쾌한 웃음으로 환호한다. 또한 여러 성평등 어린이책의 주인공들은 자신을 숨기지 않는다. 스스로를 긍정하고 자신을 드러내는 모습을 통해 책을 읽는 어린이들도 각자의 나다움을 드러낼 수 있다. 개인의 나다움이 모여 공동체를 이루고, 그 공동체 속에서 다양한 가치를 발견하는 방법을 배운다.

빨간 모자가 알려 주는 어린이 인권, 어른들은 알고 있나요?

어린이책은 어린이의 세계를 보여주어야 한다. 성평등 어린이책은 특정한 인물이 아닌 자기 자신의 이야기를 찾을 수 있도록 한다. 《빨간 모자야, 어린이 인권을 알려 줘》를 읽고 어린이들은 자신의 삶 속에서 당당하게 지켜 가며 요구할 수 있는 인권에 대해 알아간다. 하나의 인격체로 존중받으며 안전을 지킬 권리, 자기 의견을 표현할 권리를 교실에서 연습하며 마음을 다지는 어린이들을 볼 때면 큰 소리로 응원하고 격려하게 된다. 교사로서 어린이에게 도움의 손길이 필요할 때 제일 먼저 떠오르는 조력자가 되고 싶다.

"나 책 별로 안 좋아하는데, 이 책은 재밌네." 한 학기 한 권 읽기를 통해 《사랑이 훅!》을 읽은 한 학생이 무심히 던진 말이었다. 책을 좋아하지 않던 어린이가 책을 재밌게 읽게 된 것만큼 큰 성공이 어디에 있을까. 그리고 그 책에 담긴 메시지가 우리가 앞으로 세상을 살아나가는 데에 꼭 필요한 것이라면, 이것만으로도 다움북클럽의 성평등 어린이 청소년책 목록 《오늘의 어린이책》의 새로운 시작은 분명 의미 있는 일이라고 생각한다.

성평등 어린이책으로 연결된 우리

강아지똥(초등학교 교사)

2020년 초등학교 수업일수는 코로나로 인해 190일에서 173일로 줄었다. 내가 몸담은 학교 5학년 어린이들은 173일 가운데 단 32일만 등교 수업을 했고, 나머지 141일은 온라인 수업을 했다. 인근 학교나 마을에 확진자나 밀접 접촉자가 생기면 등교 중지가 떨어지는 불안한 학교생활이었다. 서울시 교육청 성평등 문화 교실 사업을 구상하고 있었던 나도 계속 불안과 답답함에 시달렸다. 어린이들이 학교에 와야 구상 중인 활동을 펼치고 젠더 감수성 교육을 할 텐데, 얼굴조차 못 보는 답답한 나날들이 계속되었다.

성평등 도서 읽기 한마당

5월부터 어린이들이 등교하면서, 대면하지 않고 '교문 Through'를 통해서 도서를 가정으로 보내고 독후 감상을 하는 활동을 추진할 수 있었다. 어린이들의 발달단계에 맞으면서도 흥미로운 책을 골라야 하는데, 내가 알고 있는 책은 한계가 있어 아는 선생님에게 소개받은 '나다움어린이책' 목록 파일을 살펴보았다. 다양한 주제와 영역으로 분류된 상당히 방대한 성평등 어린이책이 소개되어 있어, 목록표의 설명을 꼼꼼히 읽으면서 몇 권을 선택했다. 코로나 상황에서 독서 활동에 익숙하지 못한 어린이도 함께 참여하여 성평등 감수성을 기를 수 있는, 재미있으면서도 독서 부담이 크지 않은 책을 고르고 싶었는데, 선정된 도서는 아래와 같다.

4학년   《수상한 아이가 전학 왔다!》(제니 롭슨, 2017), 《동물학자 템플 그랜딘》(줄리아 핀리 모스카, 2018)

5학년   《딸 인권 선언》, 《아들 인권 선언》(엘리자베스 브라미, 2018)

6학년   《푸른 사자 와니니 2》(이현, 2019), 《이태영》(공지희, 2013)

성평등 어린이책 독후감상 작품 전시회

《수상한 아이가 전학 왔다》는 2019년에 차별에 대해 공부하면서 어린이들과 함께 읽었던 책으로, 흥미진진한 이야기 전개와 반전이 있는 책이다. 장편이지만 그렇게 두껍지 않고, 계속 주인공 토미의 실체가 무엇인지 궁금증을 갖고 읽어 내려가게 하는 매력적인 도서다. 《동물학자 템플 그랜딘》은 장애가 있는 학자 템플 그랜딘의 시선으로 세상을 바라보는 책으로, 여성에 대한 편견과 장애인에 대한 통념도 생각해 보게 되는 그림책이다.

《딸 인권 선언》과 《아들 인권 선언》은 《엄마 인권 선언》, 《아빠 인권 선언》까지 모두 4권 시리즈이며, 5학년 사회와 도덕 시간에 배우는 인권 단원과 연계하여 읽을 수 있어 선정하였다. 그런데 나중에 일부 단체가 문제 도서로 지목한 목록에 올라가 있어 황당하다는 생각이 들었다. 하지만 아이들과 함께 꼼꼼히 살펴본 이 책들은 딸, 아들, 엄마, 아빠의 어린이/성인, 여성/남성, 보호자/피보호자의 성과 성역할에 대한 편견과 책임을 벗고 온전한 '나'의 삶을 자유롭게 생각해 보게 해 주는 좋은 작품이었다.

한편 6학년 학생들에게《푸른 사자 와니니 2》를 권한 이유는 5학년 온작품 읽기에서 1권을 읽었기 때문인데, 두 번째 책에서도 암사자 와니니 무리의 모험은 계속 이어진다.《이태영》은 5학년 도덕 교과서에도 소개된 한국 최초의 여성 변호사 이태영의 전기인데, 문고판으로 되어 독서력이 부족한 어린이도 어렵지 않게 읽을 수 있다. 교육청 예산으로 책을 무료 배부하였고 감상화, 감상문, 표어, PPT 등 어린이들이 원하는 표현방식으로 독후감상 작품을 받아 학교 1층과 2층에 전시하였다.

Zoom에서 만나 배우는 성평등 이야기

주1회 등교가 2학기에도 이어지면서 대면 활동을 하지 못하게 되자, 성평등 어린이책을 활용한 온라인 활동을 고민하게 되었다. 11월 25일 세계 여성 폭력 추방의 날에 즈음하여 'Zoom에서 만나 배우는 성평등 이야기'라는 주제로 동화책을 읽고 독서 골든벨과 독서토론회를 온라인 줌으로 하는 방식이다. 어린이들에게는 필수 도서를 고르게 하여 사전에 읽게 하였고, 행사 당일 줌에서 책읽기 선생님과 어린이들이 돌아가며 낭독 도서를 함께 읽으면서 여러 가지 이야기를 접할 수 있게 하였다.

이중 필독 도서로 꼽은《펜으로 만든 괴물》(린 풀턴, 2019)은 최초의 과학소설 작가인 메리 셸리의 이야기를 오싹한 분위기로 들려주고,《말랄라의 마법 연필》(말랄라 유사프자이, 2018)은 최연소 노벨평화상 수상자인 말랄라의 자전 동화로 지구촌 어린이들의 인권과 평화를 생각하게 한다. 두 권 모두 여성 위인에 대한 기존 책들의 전형적인 모습을 탈피하여 좋았다.

팬데믹에서도 빛난 어린이책

여성학자 정희진 씨는《선녀는 참지 않았다》(구오, 2019)를 추천하는 글에서 "동화는 미래 세대인 어린이를 훈육, 세뇌하는 가장 효과적인 이데올로기"라고 하였다. 어린이에게 자연스럽게 스며드는 동화의 영향력이 얼마나 강력한지, 또 뒤집어 생각해 보면 좋은 어린이책이 어떻게 한 어린이의 생각을 바꾸고 나아가 사회적 역할을 수행하는지 강조하는 표현으로 다가왔다.

'젠더'라는 주제는 어렵거나 불편하게 여겨지기도 하고, 한편으로 어린이에게 타인의 생각을 비주체적으로 수용하도록 강요한다는 백래시에 시달리는 부담스러운 주제이다. 하지만 이번 성평등 어린이책 독서 활동을 통해 이 주제를 어린이에게 교육하는 일에 대한 편견을 넘어서서, 어린이와 함께 자연스럽게 문제의식을 공유할 좋은 기회가 되었다. 팬데믹에서도 빛난 성평등 어린이책 추천 사업이 어린이책 분야에 신선한 이벤트로 계속 이어지기를 바란다.

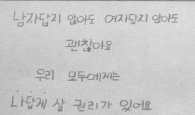

남자답지 않아도 여자답지 않아도

괜찮아요

우리 모두에게는

나답게 살 권리가 있어요

성평등 도서 읽기 한마당의 결과물

몸의 이해

우리 몸의 성장과 변화를

"날개가 없어도 아주 잠깐 하늘을 날 수 있어.
나는 물속으로 떨어지는 게 아니야. 왜냐면 누가 밀쳐서 빠지는 게 아니거든.
내가 뛴 거지. 뛰면서 계속 생각해. 최고로 아름다운 비행을 해야지."

—《5번 레인》(은소홀) 중에서

사실적이며 긍정적으로 이해하도록 돕는 내용인가?

2

Q4 생명의 탄생 과정을
있는 그대로 알려주고 있나요?

생명의 탄생에 대한 올바른 지식은 자신을 이해하는 첫걸음입니다. 내가 어디에서 왔는지 질문하는 일은 어린이가 갖는 당연한 호기심이지요. 숨김 없이 사실적으로 생명의 탄생과 사랑을 이야기해주는 어린이책을 소개합니다.

Q5 몸의 성장과 변화를
긍정적으로 바라보고 있나요?

성장하면서 어린이의 몸과 마음은 변화합니다. 특히 사춘기에는 변화가 크고 빨라서 당황스럽기도 합니다. 이러한 몸과 마음의 변화를 긍정적으로 이해하면서 자신을 더 사랑할 수 있지요. 솔직하고 친절하게 몸의 변화를 설명하는 어린이책을 소개합니다.

아기는 어떻게 태어날까?

엄마 아빠가 사랑을 나누는 장면부터 아기가 이 세상에 나오는 장면까지, 가장 잘 보이는 그림을 잡아 모든 장면을 사실적으로 연출해 그렸다. 단순한 선으로 그려 정보를 확실하게 전달하는 이미지로 막힘에 군더더기 없는 설명 중심의 기본서다.

페르 홀름 크누센
글·그림, 정주혜 옮김
담푸스 | 2017 | 덴마크
논픽션 그림책
32쪽, 200×200mm
10,000원
ISBN 9788994449821

아기는 어떻게 태어날까요?

저자와 난자가 만나 수정란이 되고 아기가 태어나는 과정까지를 해부학에 충실하게 그린 책. 아기가 어떻게 엄마 배 속으로 들어갔는지 궁금해하며 아이들이 함께 보면 좋다. 자신의 몸에 아이들이 가장 먼저 궁금해하는 일차적인 호기심의 대상이니 처음부터 정확하게 알려줄 필요가 있다.

프랑소와즈 로랭 글
세바스티앙 슈베브리 그림, 박정연 옮김
노란돼지 | 2019
프랑스 논픽션 그림책
44쪽, 190×290mm
13,000원
ISBN 9791159950544

아기가 어떻게 만들어지는지에 대한 놀랍고도 진실한 이야기

사춘기에 나타나는 몸의 변화, 음경이 질 안으로 들어가 경험하는 장면, 태아가 엄마 배 속에서 자라는 과정, 아기가 태어나는 장면을 있는 그대로 보여준다. 성교육의 기본인 있는 그대로의 사실을 아이들이 인식할 수 있도록 하는 것에서 출발한다.

피오나 카토스키스
글·그림, 이승숙 옮김
고래가숨쉬는도서관
2018
호주 논픽션 그림책
48쪽, 244×244mm
12,000원
ISBN 9791187427667

아름다운 탄생
: 아이와 사랑

어린이의 시선으로 엄마 아빠가 아기를 키우려는 과정 속에서 자연스럽게 일어나는 일상적 사랑으로서 성을 다루고 있어 새롭다. 작위 없이 선으로만 표현한 그림은 시인의 다정함을 통해 일상적 성과 자연스럽게 대면하게 한다.

아네스 로젠스티엘
글·그림, 권용무 옮김
풀과바람 | 2014
프랑스 논픽션 그림책
48쪽, 228×228mm
12,000원
ISBN 9788899288351

자꾸 마음이
끌린다면

사랑이란 무엇일까? 이 간단하지만 쉽지 않은 질문에 대답하기 어려울 때 읽어보면 좋을 책. 이성뿐만 아니라 다양한 대상을 사랑할 수도 있고, 대상에 따라 여러 방법으로 사랑을 채워 나갈 수 있음을 자연스럽게 그림으로 설명해준다.

페르닐라 스탈펠트
글·그림, 이매욱 옮김
시금치 | 2016
스웨덴 논픽션 그림책
36쪽, 180×242mm
11,000원
ISBN 9788992371414

루카루카

어린이가 사랑을 느끼기 시작할 때 마주치는 고민을 솔직하고 사실적인 언어로 그려낸 동화이다. 주인공은 연애도 동화 주인공처럼 흔치 않은 현실에서 이 책은 어린이에게 누군가를 사랑한다는 것이 얼마나 섬세하고 신중하게 상대의 마음을 배려해야 하는 일인지 알려준다. 수줍으며 다정한 사랑이 묻어있다.

구드룬 맬스 글, 미하엘
쇼버 그림, 김경연 옮김
풀빛 | 2002 | 독일 동화
152쪽, 152×223mm
11,000원
ISBN 9791161722627

사랑이 훅!

어린이의 사랑이라는 평범한 듯 보이지만 결코 쉽지 않은 주제에 도전했고 성공했다. 아주 어린 사람 사이, 짝사랑, 삼각관계 등 연애의 단골 소재도 억지스럽거나 뻔하게 보이지 않는 까닭은 사랑을 느끼고 받아들이는 어린이들이 태도가 진지하게 그려져 있기 때문이다.

진형민 글, 최민호 그림
창비 | 2018 | 한국 동화
144쪽, 152×225mm
10,800원
ISBN 9788936442958

빨강은 아름다워

어른이 직접이 얻지 않아도 넘도록 넘도록 걷는 얼이 무게 얘기도 얽어야만 자깝만 숨기려 했던 생리에 대해 터놓고 이야기하는 책. 개성 있는 손그림으로 그림도 동네 아니거나 선물해준 읽기가 가장 좋다. 생리에 관한 친근한 견문부터 실생활에 필요한 팁까지 친근한 언어로 전달해주는, 여자아이 남자아이 모두가 읽어보아야 할 책이다.

루시아 자룰로 글·그림,
김경연 옮김
사계절 | 2021
독일 어린이 논픽션
108쪽, 165×225mm
13,000원
ISBN 9791160947076

생리를 시작한
너에게

생리에 관해 온갖 시시콜콜한 이야기를 거짓없게 들려주는 책. 생리대나 탐폰생리컵을 고르고나 쓰는 법 생리통이나 생리전 증후군 힘겹다나 여자아이의 생리를마 대처럼 들든 꼭 알아둔 정보를 전문가의 목소리로 거짓없게 들려준다. 생리에 관해 쉬쉬하는 문화에 시원하게 반격을 가하는 책, 모든 엄마 유용한 책이다.

유미 스타인스·멜리사 강 글, 제니 래섬 그림, 김선희 옮김 | 다산어린이 | 2019
호주 어린이 논픽션
174쪽, 140×180㎜
13,000원
ISBN 9791130635804

오! 이토록
환상적인 우리 몸

외모지상주의 시대에 다양한 몸에 대한 관점은 우리 모두에게 필요한 시각적 경험이다. 글자 대신 책의 차례를 채우는 신체 기관 그림들은 새로운 경험으로 친근한 초대장처럼 느껴진다. 다양한 피부색 질병, 특징 등을 가림 없이 드러내는 동식에 몸이 각 부분에 대한 묘사는, 역사적 의학적 설명도 덧붙여 몸과 성교육을 자연스럽게 이뤄진다.

소냐 아이스만스 이헴리 페룰손 그림, 박종대 옮김
우리학교 | 2020
독일 어린이 논픽션
96쪽, 175×230㎜
14,000원
ISBN 9791190337526

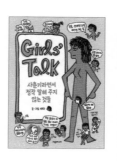

Girls' Talk 걸스
토크

: 사춘기라면서 정작
말해 주지 않는 것들

30대 비혼 여성 여성인 일러스트레이터 이디가 솔직담고 신나게 이야기하는 여성의 몸에 관한 책. 남자의 옆에 비해 늘 감추어져 있던 여성 청소년의 이차 성징 서초, 자만, 아웃 장애, 오덤 콤플렉스 등을 자신의 청소년기 경험에 비추어 자연스럽게 이야기한다.

이다 글·그림
시공주니어 | 2019
한국 청소년 교양
140쪽, 148×210㎜
12,500원
ISBN 9788952788259

사춘기 내 몸
사용 설명서

사춘기를 맞아 변해가는 청소년기의 몸과 마음을 예술적으로 찍은 사진이 일컫지만 하는 파르너 민선매 티셔츠를 입은 남자 어린이의 가드랑에는 노란색 꽃이, 쌍꽃색 불라 오스를 입은 여자 어린이의 가슴에는 핑크색 꽃이, 붉은 근육 자랑하는 어린이의 팔에는 커다란 감자가 올라가 있다. 기발하고 유쾌 넘쳐는 사진과 함께 청소년기 몸과 마음의 변화에 관한 궁금증을 거짓없게 풀어낸다.

아트헤 헬름스 글·얀 폰 홀레벤 사진, 박종대 옮김
이마주 | 2014
독일 청소년 교양
160쪽, 170×230㎜
12,000원
ISBN 9791189044053

선

코숭이 무술

3초 다이빙

말라깽이 챔피언

스케이트를 시작한 여자 어린이가 허공판에서 넘어지고 뒹굴면서도 다시 일어나서 유쾌한 도전을 즐긴다. 누구나 수많은 실수를 반복하면서 성장한다는 것을 깨닫게 해준다. 움직임에도 신체적인 경험을 넓혀나갈 수 있도록 동기를 부여한다. 자신만의 성장의 선을 그려가는 어린이들을 위한 책이다.

남자와 여자가 배워야 하는 무술이 다른 코숭이 마을. 하지만 무술을 전수하던 코미와 코리 남매는 몸이 차이에 상관없이 각자 잘하는 것이 다를 수 있다는 점을 깨닫는다. 코숭이에게 협동의 즐거움을 알려주는 것도 재미있다. 성별보다 개개인의 차이를 인정하며, 함께할 때 더 큰 힘을 발휘할 수 있음을 보여준다.

주인공 아이는 스스로 뒤로 던지 느리고 특별히 잘하는 것도 없다고 느낀다. 하지만 아이는 누군가와 경쟁해서 이기기보다 다이빙을 해서 3초 뒤면 길이 즐거워하는 게 더 좋다. 뒤로서 더 빨리다 잘하려고 부추기는 사회에서 나만의 기쁨 나만의 속도를 생각하게 하는 그림책.

이민자 가정의 남자 형제들 사이에서 자신의 자리를 찾아오는 소녀는 권투를 배우기 시작하고, 가족이 시선과도 편견과 신체적 약점에도 불구하고 도전을 멈추지 않는다. 스스로 꾸준하며 문제를 해결하려는 용기와 거기서부터 이루어낸 성취가 멋지게 그려진다. 가느다란 몸을 가진 권투선수라는 성장이야기로 소녀 캐릭터의 새로운 면모를 볼 수 있다.

이수지 글·그림 | 비룡소
2017 | 한국 그림책
40쪽, 216×280㎜
18,000원
ISBN 9788949112770

이은지 글·그림
후즈갓마이테일 | 2018
한국 그림책
48쪽, 221×241㎜
13,000원
ISBN 9791195641390

정진호 글·그림
위즈덤하우스 | 2018
한국 그림책
36쪽, 203×276㎜
12,000원
ISBN 9788962479003

에미 구로다 글·그림
권지현 옮김 | 씨드북
2016 | 프랑스 그림책
40쪽, 212×286㎜
11,000원
ISBN 9791185751702

야, 그거 내 공이야

첨벙!

히말라야의 메시 수나칼리

사이클 선수가 될 거야!
: 알폰시나 스트라다

축구를 좋아하는 여자아이 앨리스가 주인공이다. 혼자 공놀이를 하다가 어쩌다 공을 찾아 이곳저곳을 돌아다닌 앨리스는 경기장에 도착하고 멋진 골까지 넣어 갈채를 받는다. 여자가 축구를 한다는 것을 동네아이들 누구도 별다른 일로 보지 않도록 무심하게 스토리와 그림을 전개하고 있다. 편견을 깨면 가능성은 무한하다.

다이빙 대회를 앞두고 열심히 연습하던 헤마는 늘 높지만 동전 페니를 줍는다. 페니는 헤마와 함께 다이빙의 꿈을 키운다. 짧은 머리에 활동적인 수영복을 입은 헤마의 몸이 대상화된 시선에서 벗어나 역동적으로 표현되었다. 헤마가 수영을 이루기 위해 높은 다이빙대에서 용기 있게 물로 뛰어드는 멋진 동작을 보면 시원한 첨벙 소리가 들리는 듯하다.

메시의 사진을 주머니에 넣고 다니는 네팔의 축구 소녀 수나칼리가 시합을 담은 책. 축구는 남자가 하는 거라며 말리는 거대한 가족들의 반대를 딛고 수나칼리의 친구들은 드리블, 슛을 완전하는 축구 대회에 출전한다. 유소년 여자 축구팀이 축구를 입고 운동장을 누비며 고정관념을 깨트려 나가는 과정을 멋지게 그린다.

13살에 처음 나간 사이클 대회에서 우승한 알폰시나 스트라다의 이야기를 담은 그림책. 꿈을 가득 타는 일이 묻지 않던 여자였지만 동네 소년들과 진짜나 자전거를 하면 언제나 이기던 알폰시나는 가녀서나 벗어나기 위해 사이클 선수가 되고 신기록을 세운다. 치마 말고 기는 다리있던 다리야서 복본 아래에서 튼튼한 근육으로 변화해가는 모습을 10여쪽에 걸쳐 보여준다.

조 개럴 글·그림
남부 옮김
후즈갓마이테일 2018
영국 그림책
40쪽, 185×250㎜
12,800원
ISBN 9791190007153

베로니카 카라텔로 글·그림 | 하시시반 옮김
미디어창비 2019
이탈리아 그림책
32쪽, 230×270㎜
14,000원
ISBN 9791189280413

제니퍼 버름 로 말린방,
니콜라 워물드 그림,
박찬석 옮김 | 돌베 2020
코펭스 논픽션 그림책
34쪽, 240×320㎜
13,000원
ISBN 9791161722030

호안 네그레스콜로르
글·그림, 남진희 옮김
우리교육 2020
스페인 인물 이야기
48쪽, 220×280㎜
13,000원
ISBN 9788880409693

팔이 긴 소녀의 첫 번째 여성 올림픽

: 루실 갓볼드

축구왕 이채연

5번 레인

롤러 걸

진 L. S. 패튼틱 글, 애덤
구스타본손 그림, 김혜경
옮김
책속물고기 | 2018
미국 인물 이야기
40쪽, 228 × 279㎜
12,000원
ISBN 9791163270072

1922년 최초의 여성 올림픽에 출전한 운동선수 루실 갓볼드에 관한
인물 이야기. 키가 크고 힘이 센 루디는 초한진지 선수가 되기 위해
체력 훈련을 하며 실력을 키우고 여성 올림픽에서 세계 신기록을
세운다. 메달을 받은 루디는 운동선수를 꿈꾸는 여자 어린이들 돕기로
마음먹는다. 날씬을 굳게 다물고 끝과 끝과 막 손 서 있는 루디의
모습이 돋보인다.

유우석 글, 오승민 그림
킨비 | 2019 | 한국 동화
172쪽, 150 × 225㎜
10,800원
ISBN 9788936443061

남자 축구부만 있던 남대초등학교에 여자 축구부가 신설되고
적극혼련대회에 출전하기까지, 어린이들이 성장하는 과정을 그린
작품. 축구부의 중앙한 선수인 이채연과 단소년은 못 년간 힘을 안
좋은 경쟁이 쌓이 상태다. 그러나 한 팀이 되면서 오해와 감등이
자연스럽게 풀린다. 여성이 신체 활동에 대한 편견을 허물고 몸을
움직이는 일이 보람과 즐거움을 안겨준다.

은소홀 글, 노인경 그림
문학동네 | 2020
한국 동화
240쪽, 154 × 220㎜
12,500원
ISBN 9788954674638

수영 선수 나루의 처하는 사람마다 다루는 라이벤이다. 그런데
엄마 천부터 1등은 늘 초희 차지. 2등 차리인 5번 레인에서 사람을
차리아 하는 나루는 나루는 이번만큼 꼭 초희를 이기고 싶은 마음에
실수를 저지른다. 견쟁은 왜 하는 것일까? 좋아하는 일을 한다는 건
어떤 의미일까? 거친이 레인에서 타치패드를 향해 몸짓을 기르는
모든 '나루들이 함께 힘을 응원하는 작품이다.

빅토리아 제이미슨
글·그림, 노은정 옮김
비룡소 | 2016
미국 그래픽노블
240쪽, 147 × 219㎜
13,000원
ISBN 9788949140254

나 자신을 발견하고 성장의 고개를 넘는 이야기를 다룬 걸작
그래픽노블이다. 사춘기 어린이들이 숙마음을 겪음없이 솔직하게
그려낸다. 페미니스트 엄마도 이해하지 못하는 어린이들만의 새로운
꿈은 이어진다. 여성들이 롤러 경기장에서 타서 나오는 시원한
에너지가 멋지다. 몸 쓰는 활동을 좋자하기 않고 또 롤러며 도전하던
삶의 이치를 불러와준다.

용감한 소녀들이
온다

자기가 직접 경험한 이름 가지 머름에 관한 책. 아야 래 멕먹으로 강
건너기, 기네스북 도전, 다리 꺼매기에 오르기, 올림피 국가대표 도전,
래프팅 원정, 패러글라이딩 비행, 바다 카약 탐험 등 이 책을 읽다
보면 당장 뛰어나가 도전하고 싶은 충동을 느낀다. 여자가 뭐 이런
일을 하냐는 편견을 아무렇지도 않게 툴쩍 뛰어넘어 훨훨 날아가게
만드는 책.

캐롤린 폴 글
웬디 맥노튼 그림
홍수연 옮김 | 우리학교
2018 | 미국 청소년 교양
200쪽, 148×210㎜
13,000원
ISBN 9791187050629

경험하지 못한 것을 가르치며 만나는 새로운 세계

윤아름(초등학교 교사)

수업 시간에 아이들이 각자 재잘재잘 하고 싶은 말을 쏟아내느라 내 목소리가 파고들 틈이 없는 그때, 내 머릿속에 스쳐 가는 목소리, "눈 감고 손 머리". 어린 시절 교실이 시끄러워지면 선생님들은 이 말을 자주 외쳤다. 그러면 나와 친구들은 일제히 요구받은 그 행위를 했고, 교실은 순식간에 조용해졌다. 시끄럽던 교실을 빠르게 조용히 만들 수 있는 아주 편리하고 간단한 방법이었다. 하지만 양손을 머리 위에 올리는 행위는 감옥에서 죄수들에게 시키는 것이라는 설명을 인권 교육 연수에서 듣고 난 뒤로, 내가 교사인 교실에서는 이 방법을 사용하지 않을 것이라고 다짐했다. 그런데 아무런 의구심 없이 이 말에 순응했던 시절에 몸에 각인이 되었나 보다. 교실이 시끄러워지면 나도 모르게 이 말이 떠오른다. 그러면 다시 한 호흡을 가다듬고, 학생의 인권을 존중하는 마음으로 그런 방법은 쓰지 말아야지 생각한다. 우리 아이들은 그런 말을 안 듣고 살게 해야지, 내 대(代)에서 끊어야지.

페미니즘을 공부하고 인권 · 성인지 감수성이 높아질수록, 내가 학생인 시절에는 당연히 받아들였지만 교사이자 어른이 된 지금은 그 전수를 멈추어 어린이들이 더는 경험하지 않길 바라는 것들이 이따금 떠오른다. 동시에 내가 학교에서 배우지는 못했지만 어린이들과 수업 시간에 함께 나누고 싶은 것들도 많아진다. 짝 정하기, 줄 서기, 체육 수업 등 어느 활동에서나 성별로 나누어 성별 이분법을 공고히 하는 행위들이 전자에 속하고, 올림픽 여자 배구 선수들처럼 여자 어린이들도 거침없이 몸을 던지고 환호하며 참여하는 스포츠 경기, 기능 수준과 상관없이 모두가 즐겁게 참여할 수 있는 음악 수업, 다양한 영역의 멋진 여성 롤모델이 등장하는 책 읽기, 편견 없는 정확한 내용의 성교육은 후자이다. 그런데 이때 좀 곤란한 점이 있다. 일반 교과 수업을 준비할 때는 오래전부터 배우고 익혀둔 내용을 바탕으로 좀 더 효과적인 교수법만 연구하면 된다. 하지만 오랜 기간 의심 없이 이어져 왔으나 이제는 새로운 시각으로 대안을 마련해야 하는 교육 활동을 할 때는 전혀 다른 방법을 상상하고 몸에 밴 습관을 바꿔야 한다.

특히 성교육이 그러하다. 교육부가 2015년에 발표한 '국가 수준의 학교 성교육 표준안'은 성차별적인 내용으로 거센 비판을 받으며 슬그머니 자취를 감췄고, 이후 교육 당국은 여러 시민과 교육 단체의 지속적인 요구에도 지금까지 새로운 성교육 계획이나 내용을 내놓지 않고 있다. 그러다 보니 성교육은 개별 교사와 양육자의 몫이 되어 버렸다. 학교에서 만족스러운 성교육을 하고 있지 못하니, 양육자들 사이에서는 아이가 초등학생 고학년이 되면 유명 성교육 단체의 강사를 초빙하여 그룹으로 성교육을 하는 것이 트렌드가 되었다고도 한다. 성교육도 사교육으로 해결해야 하는 현실이다. 그런데 이마저도 남아 위주로 이루어지는 추세다. 아들이 성욕을 갖는 것은 자연스러운 성장 과정이라고 받아들이고, 이를 책임감 있는 자세로 발현하도록 도와줘야 한다는 인식과 더불어, 아들이 성 관련 문제에

'억울하게' 휘말려 가해자가 되는 것을 예방하고자 하는 의도가 크게 작용한다. 아들이 사춘기가 되면 방에 티슈를 넣어주는 것이 센스 있는 양육자라고 농담 반 진담 반으로 말하던 수준에서 한 걸음 나아간 버전이다. 반면 여아를 위한 성교육은 여전히 월경과 임신하는 몸에 치우쳐 있다.

교사는 교사대로 성교육 커리큘럼이 제대로 세워지지 않은 상황에서 어디서부터 어떻게, 어느 만큼 성교육을 해야 할지 갈피를 잡기 어렵다. 선진국이라 불리는 유럽의 많은 나라에서는 초등학교 저학년 때부터 임신 과정을 사실적으로 알려주고 중학교에서는 피임법을 가르치는 등 현실적인 성교육을 한다는데, 제대로 된 성교육을 받아 본 적이 없는 교사들은 무엇을 기준으로 성교육을 해야 할까? 다행히 고민하는 교육자들이 참고할 수 있는 최신 자료가 있다. 유네스코에서 발간한 〈국제 성교육 가이드(International technical guidance on sexuality education)〉이다.

유네스코 국제 성교육 가이드는 2009년 처음 발간된 이후 2018년 개정판이 나왔으며, 말 그대로 이 시대의 성교육이 가야 할 방향을 안내한다. 전 세계의 보건·교육 전문가들의 과학적인 연구를 바탕으로 '포괄적 성교육'(Comprehensive Sexuality Education; 섹슈얼리티에 대한 인지적, 정서적, 신체적, 사회적 측면 등 인간 생애에서 성과 관련한

유네스코 국제 성교육 가이드 라인, 아하서울 시립청소년성문화센터 번역(2020).

모든 경험을 포괄하는 교육)의 필요성을 논하고, 연령별로 교육해야 할 핵심 개념, 주제, 목표를 정리해 놓았다. 핵심 개념에는 생물학적 내용뿐만 아니라 관계, 문화, 인권, 섹슈얼리티, 젠더, 폭력과 안전

등 전 생애에 필요한 내용을 담고 있다. 우리나라 초등학령기에 해당하는 5~12세 아동을 위한 교육 내용으로는 '비전통적 가족을 포함한 다양한 형태의 가족에 대한 이해와 존중, 다양한 결혼의 방법, 생물학적 성과 젠더의 차이, 성 및 재생산 건강과 관련한 몸의 부분을 묘사하기, 성기가 질 속에 사정하는 성관계의 결과로 임신할 수 있음을 알기, 신체적 접촉을 통해 쾌락을 느끼는 방식 설명하기, 섹슈얼리티에 호기심을 갖고 질문을 하는 것은 자연스러운 것임을 인식하기, 원치 않는 임신을 피하는 효과적인 방법' 등을 제시하고 있다.

또한 포괄적 성교육을 경험한 이들은 첫 성경험 연령대가 높아지고 성생활 빈도나 파트너 수 감소, 위험한 성적 행동 감소 등 안전하고 안정적인 성생활로 유도하는 효과가 있었던 반면, 금욕을 강조하는 프로그램은 성경험 시작 시기를 늦추거나 성생활 빈도 및 파트너 수를 줄이는 데 효과가 없다는 결과를 발표했다. 포괄적 성교육이 '조기 성애화'를 유발한다는 일부 단체들의 주장과 완전히 반대되는 내용이다. 오히려 성에 대한 선입견이 낮은 어린 나이에 열린 분위기에서 구체적으로 성교육을 시작하는 것이 호기심이나 충동적으로 성적 행동을 하는 것을 예방하는 효과가 있다는 것을 보여준다.

이렇게 국제인권법 사회권 규약은 포괄적 성교육을 권고하고 있는데, G7 정상회의에 초청받아 참석하며 '선진국' 대열에 올랐다고 자랑스러워하는 대한민국 정부는 아직 성교육 영역에서만큼은 수준을 높일 생각이 없어 보인다. 법적인 근거와 지원이 없어 아직 학교에서는 적극적으로 실천하기 어려운 상황이지만, 내가 하고자 하는 성교육이 절대로 급진적인 것이 아니라 국제적인 표준이라는 확신을 가지고 집에 있는 아이가 일곱 살일 때 성교육을 시도해본 적이 있다.

섹스와 임신 과정을 자세히 보여주는 성교육 그림책 중에 다움 북클럽 목록에도 들어가 있는 그림책《아기는 어떻게 태어날까?》를 골랐다. 생명의 탄생을 가부장제 이성애 가족을 중심으로 표현한 한계가 있었지만, 1970년대에 출간된 도서인데다 대체할 만한 자료가 많지 않은 것을 고려하면 포괄적 성교육에 활용할 수 있는 적합한 책이었다. 자연스럽고 긍정적인 분위기에서 읽어주려고 책을 열었는데, 처음에는 나부터 그림을 쳐다보기가 어색하고 마음이 편하지 않았다. 여전히 나에게 '섹스'라는 것은 입으로 말하기 쉽지 않은 단어였다. 친구를 통해 은밀하게 임신 과정의 비밀을 알게 된 순간, 동네의 방치된 지저분한 벽에 적힌 '섹스'라는 글자, 연일 보도되는 성범죄 뉴스, 음란함은 죄라고 가르치던 목소리까지 내 경험 속에서 섹스라는 단어에는 부정적인 이미지가 켜켜이 덮여 있었다. 아무리 이론적으로 섹슈얼리티를 금기시하는 사회의 문제점을 알고 있어도, 몸에 스며든 경험을 완전히 떨쳐내기란 어려운 일이었다.

그래도 용기를 내어 교육적 실천을 위해 아이에게 그림책을 읽어주기 시작한다. 아이의 눈치를 살피는데, 다른 그림책을 읽을 때와 별 차이가 없다. 아이의 편안한 반응에 안심하며 책 읽기를 마무리하고 "이런 과정을 섹스라고 하는데, 임신을 위해서도 하지만 대부분은 그냥 즐거움을 위해서 해."라고 설명하였다. 애써 담담한 듯 얘기하는데, 아이는 별거 아닌 듯 자연스럽게 되묻는다.

"섹스가 좋은 거야?"

"응. 하고 싶을 때 하고 싶은 사람이랑 하면 좋은 거야."

"그렇구나. 그럼 나도 할 수 있어?"

순간 당황하였지만 이내 정신을 차리고 대답했다.

"아, 그건 네가 나중에 더 자라서 같이 하고 싶은 사람이 생기고, 안전한 상황일 때 하는 게 좋아."

"그래? 알았어."

섹스라는 단어를 이토록 껄끄럽지도 어색하지도 않게, 지나친 호기심이나 기대도 없이 무심하게 다룰 수 있다니. 선입견이 없을 때 성교육을 받는다는 것이 이런 거구나. 내 안에 쌓여 있던 먼지가 다섯 겹은 씻겨 내려가는 기분이었다. 성교육 영역에서 내가 경험하지 못한 세계와 아이에게 만나게 해주고 싶은 세계의 간극, 학교에 꼭 필요하지만 아직 교육 당국이 채워주지 못하고 있는 그 넓은 틈새를 그림책 한 권이 믿음직한 다리가 되어 안전하게 연결해주었다.

나다움어린이책 회수 사건 당시 제출한 의견으로 글을 맺는다.

"어린이들이 성에 대한 부정확하고 부정적인 내용을 접하기 전에 먼저 신뢰할 수 있는 자료를 통해 성에 대한 올바른 지식과 태도를 갖도록 하는 것이 중요합니다. 발달 과정 안에서 성에 대한 호기심이 생겨나는 것을 스스로 자연스럽게 여기고 곁에 있는 어른과 대화 나누며 배워가는 과정, 또 좋은 책을 읽으며 질문을 해결해 나가는 과정은 어린이가 성을 긍정적으로 인식하는 데 큰 도움이 됩니다.

어린이가 자기 자신을 알아가는 과정에서 인간의 핵심적인 요소 중 하나인 '성'을 긍정적으로 인식할 수 있도록 돕는 도서를 목록에 포함한 것은 국제 기준과 시대의 흐름에 부합하는 매우 당연하고 환영할 일입니다. 어린이들이 양질의 교육 자료를 통해 자신과 성의 긍정적 가치를 인식하고 정서적, 신체적, 사회적으로 균형 잡힌 세계 시민으로 성장할 수 있도록 동료 시민의 많은 지지와 협력이 필요합니다."

늦었다고 생각할 때는 정말 늦다

서현주(초등학교 교사)

우리 아이가 디지털 성범죄 피해자가 된다면?

얼마 전 양육자들이 모인 온라인 커뮤니티에 이런 글이 올라왔다. "저희 딸이 초등학교 저학년인데 스마트폰 랜덤 채팅을 통해 성기 사진을 보냈습니다. 어떻게 해야 할까요?" 이때 고민 글에 가장 적절한 조언은 무얼까? 한번 골라 보시라. ①경찰에 신고하세요. ②아이 스마트폰 부숴 버리세요. ③담임 선생님께 상담하세요. ④부모가 평소에 성교육을 시키셨어야죠.

답을 정하기 전에 먼저 말하고 싶은 것은, 이러한 사례가 극히 드물거나 아주 특별한 사건이 아니라는 것이다. 성폭력 피해자의 나이는 점점 낮아지고, 특히 디지털 성범죄는 13~15살에서 가장 많이 발생하고 있다. 디지털 성범죄는 빠른 속도로 증가하고 있고, 특히 n번방 사건을 비롯해 범죄자 한 명이 다수의 아동 청소년 대상으로 저지르는 디지털 성범죄가 엄청나게 늘고 있다.[1]

내가 위 사례의 피해 아동 양육자라고 가정하고, 보기에 적힌 각각의 조언대로 했을 때 가져올 결과를 예상해 본다. ①경찰에 신고

---

1 〈(2019년도) 아동·청소년 대상 성범죄 발생 추세와 동향 분석〉, 여성가족부 조사 보고서, 2021.

한다면 어디서부터 이야기해야 할지, 아이가 랜덤 채팅에 접속했다는 것이 성적 욕망을 표현한 것으로 의심받지는 않을지 머리가 아파진다. ②아이에게 버럭 화를 내고 스마트폰을 부순다고 한들 이미 벌어진 일이 해결되는 건 아니니 아이에게 상처만 줄 뿐, 혹시 가출이나 자해를 시도하지나 않을까 걱정이 된다. ③담임 선생님이 어떠한 조처를 할 수 있을지 모르겠고, 혹시 소문이 나서 전학을 가야 하면 어쩌나 두렵다. ④평소에 휴대폰 안에도 나쁜 사람이 있을지 모르니 조심하라 신신당부했고 성기는 중요한 곳이라고 늘 말해 왔는데, 어디부터 교육이 부족했나 싶고 앞으로 어떻게 가르쳐야 할지도 난감하다. 결국 어떤 조언도 개운하게 받아들일 수가 없다.

이러한 가정도 해 본다. 내가 가르치는 학생이 디지털 성범죄의 피해자가 되었다면 나는 교실에서 어떤 대응을 해야 할까. 훌륭한 성교육을 했다고 해서 아이들이 피해자가 되는 것을 완전히 막을 수 있을까? 건널목에서는 좌우를 꼭 살피고 초록불이 켜졌을 때 건너야 한다는 것을 알고 있어도 음주 운전자가 액셀을 밟으면 사고를 피할 수 없는 법. 비슷한 상황이라고 생각하면 가슴이 답답하다.

음지에서 성을 배우는 아이들

한편 우리나라 성교육은 어떠한지도 더듬어 생각해 본다. 우리나라 미성년자들은 학교에서도 집에서도 성에 대해 터놓고 이야기하는 어른을 만나기 어렵다. 양육자들은 '때 되면 다 알게 된다'라며 성에 대해 직접 말하는 분위기가 어색해서 피해 버렸고, 학교에서는 정자와 난자, 월경 주기와 이차 성징에 관한 형식적인 성교육만 지겹게 반복해 왔다. 교실에 음흉한 미소와 눈빛 교환, 키득거리는 웃음소리가 가득하지만 애써 모르는 척하면서 말이다. 성교육의 중요성은 알지만 직접 하기 어렵다고 느끼는 일부 양육자들은 성교육을 전문 강사에게 맡겨 버리기도 한다. 하지만 양육자가 외주로 맡긴 성교육이라도 받지 못하는 아이들은 대부분 음지에서 성을 배우고 가르친다.

또래 집단에서 이루어지는 어둠의 성교육은 뻔하다. 지금의 어른들이 빨간딱지가 붙은 비디오테이프나 잡지를 돌려보았듯, 아이들은 스마트폰에서 손쉽게 볼 수 있는 성 착취물을 감상하고, 성적 대상화와 여성혐오가 가득한 1인 미디어를 시청하며 자기들끼리 실천하거나 약자의 성을 착취한다. 올바른 성인식이 없으므로 무엇이 잘못되었는지도 모르고, 자본과 강하게 결탁한 비정상적 성애를 모방한다. 상대방의 찍어도 된다는 동의의 말을 듣기도 전에 카메라 촬영 버튼을 눌러 버려, 결과적으로 음지의 문화는 디지털이라는 날개까지 달게 되었다.

비정상적 성행위 속에 어떤 아이들은 가해자가 되고 어떤 아이들은 피해자가 된다. 진정한 동의와 서로의 몸에 대한 존중은 배우지 못한 채 성에 관한 음습한 호기심이 또래문화에 쉽게 물들고, 첫 성 경험 나이는 점차 낮아진다. 운이 나쁘면 원치 않은 임신으로 인한 몸과 마음의 상처까지 따라온다. 미성년자들이 망가진 성문화를 습득하는 속도는 이미 5G인데, 어떤 어른들의 성 의식은 아직도 모뎀 수준에 머물러 있는 지금, 우리는 무엇을 해야 할까.

해결책은 간단하다. 성착취물로 성을 배우기 전에 유아기부터 성에 관해 있는 그대로 알려 주는 것이다. 우리는 모두 성적인 존재임을 인정하고, 교사·양육자·매체가 성에 대해 자연스럽게 접근

해야 한다. 과학적인 사실을 전달한 다음 발달단계에 맞는 올바른 가치를 심어 주는 것이다.

학교에서 교사가 "얘들아, 오늘은 성교육을 할 거야."라고 말했을 때 어젯밤 스마트폰에서 본 비정상적 섹스 장면이 학생의 머릿속에 떠오른다면, 슬프지만 이 학생에게 성교육을 하기는 이미 많이 늦었다. 그 대신에 "아빠는 고추가 있는데 왜 엄마는 없어요?" "엄마 찌찌는 왜 커요?" "왜 엄마 엉덩이에서 피가 나와요?"라고 아이가 물을 때 반가운 마음으로 성평등 어린이책을 꺼내 들고, 어린이 눈높이에 맞는 그림과 설명을 보여 주는 것이 바로 적기 성교육의 시작이다. 또 성교육이라고 해서 교육 전문가나 양육자에게만 기대기보다, 모두가 성에 대해 스스럼없이 말할 수 있는 세상도 꿈꿔 본다. 우리는 모두 섹스로 태어났고, 이차 성징을 겪고 자라며, 다양한 성적 욕구와 마주하게 된다. 성을 논하는 주체가 지금처럼 만 19세 이상의 번식이 가능한 비장애인으로 국한되어서는 곤란하다. '성=쾌락 또는 번식'이라는 편협한 사고방식에서 벗어나, 인간으로 태어났다면 모두가 성에 대해 말할 권리가 있음을 잊지 않았으면 한다.

국가 수준 성교육 표준안

한편 교육부에서 주관하는 성교육 표준안은 각급 학교와 교사들에게 지침이 되므로 나라 전체의 성교육 방향성을 이끄는 중요한 역할을 한다. 하지만 현재 우리나라 학교 성교육은 다음 세 가지에서 크게 벗어나지 않는다. 첫째, 성인지 감수성을 가진 교사가 자체 개발한 자료를 이용하여 가르치는 것이다. 아이들의 정서적, 인지적, 신체적 발달을 잘 아는 교사가 훌륭한 성인지 감수성을 가졌다면 최적의 효과가 나는 방법이다. 단점은 교사의 수준에 따라 내용의 격차가 크고, 다행히 잘 해냈다고 하더라도 언제 일부 단체의 공격과 민원의 표적이 될지 몰라 공포에 떨어야 한다는 것이다.

둘째, 검인정 교과서를 활용하는 보건 과목에 포함된 약간의 성교육이다. 문제는 교과서가 2012년 이후로 개정되지 않고 있어 시대 흐름을 따라오지 못하며, 양질의 성교육을 하기엔 보건 수업 시수가 절대적으로 부족하다.

셋째, 예산을 들여 민간의 외부 성교육 강사를 초빙해 맡긴다. 이는 결국 공교육이 성교육에서 한발 빠져 있음을 의미하는 꼴밖에 되지 않는다.

교육부는 2015년 처참한 수준의 성교육 자료를 내놓았다가 거센 비난 끝에 폐기했고, 성평등 교육은 여성가족부의 '양성평등기본법'에 겨우 의존하고 있다. 그래서일까. 한국은 GGI(Gender Gap Index)가 낮은, 즉 성평등과는 거리가 먼 대표적인 국가다.

반면 성차별이 적다고 평가되는 국가(대만, 노르웨이, 스웨덴, 독일, 프랑스, 캐나다)들은 교육부 소관 성평등 교육 기본법을 제정하여 국가 수준의 교육과정을 운영하고 있다.[2] 또한 교사 대상 성평등 의무 교육을 시행하며, 성취 기준에 맞는 체계적인 교육 프로그램도 운영한다. 위의 국가의 성평등 교육은 성교육을 중심으로 운영되기도 하며, 모든 과목에 성평등 관점이 들어가도록 내용을 구성한다. 따라서 교육부를 중심으로 국가 수준 성교육 교육과정을 정립하고 올바른 성취 기준을 구성하는 것이 가장 시급한 과제다.

---

2 최윤정,《해외 국가의 초중등 성평등교육 연구》, 한국여성정책연구원, 2018.

가정과 학교가 제대로 된 성교육으로 무장했다고 하더라도 사회가 바뀌지 않으면 계란으로 바위 치기다. 각종 매체에서 드러나는 남성 중심적 기획, 여성에게 행해지는 성적 대상화, 섹스에 대한 가벼운 접근, 그리고 여성혐오 범죄에 내려지는 사법부의 솜방망이 처벌까지. 혼란의 틈에서 최대의 피해자는 언제나 그랬듯이 약자인 아이들이다.

HRW의 디지털 성범죄 실태 보고서와
한국 정부에 보내는 권고

HRW 조사 보고서
〈내 인생은 당신의 포르노가 아니다〉

2021년 6월 16일 의미 있는 보고서가 발표됐다. 전 세계 40여 개국에 지부를 둔 국제 인권 단체 휴먼라이츠워치(HRW)가 한국의 디지털 성범죄 실태를 조사한 보고서 〈내 인생은 당신의 포르노가 아니다〉이다. 조사를 담당한 HRW 여성권리국장 헤더 바(Heather Barr)는 "한국은 불법 촬영 범죄가 가장 광범위하게 이뤄지는 나라인 동시에 정부 기관의 대응이 소극적인 나라"라고 진단했다. 한국은 가장 인터넷이 빠르고 스마트폰 보유율이 높은 동시에 가부장적 가치가 뿌리 깊으며 성별 격차 지수는 높은 나라다. 게다가 불법 촬영 성범죄 건수는 계속 늘어나 2012년부터 2016년까지 경찰이 확인한 불법 촬영 피해자는 26,000명에 달한다고 한다. 디지털 성범죄의 가해자는 98% 남성이고 피해자는 대부분 여성인데, 피해자들은 매우 심각한 트라우마에 시달리며 때로는 트라우마가 자살로 이어지기도 한다. 그럼에도 불구하고 디지털 성범죄 사건의 경우 불기소 처분율이 43.5%이고 사건이 재판까지 가더라도 79%가 집행

유예나 벌금형을 받았다. 2017년에는 체포된 디지털 성범죄 가해자 5,437명 중 단 2%만이 징역형을 받았다. 한국의 디지털 성범죄는 개인의 일탈에서 비롯된 것이 아니라 특수한 사회적 분위기에서 더욱 만연했음을 확인할 수 있는 통계다.

보고서는 '한국 정부가 불법 촬영물의 소비를 아무렇지 않게 여기는 뿌리 깊은 성불평등을 바꾸려 하거나, 이러한 범죄를 예방하기 위한 실효성 있는 조치를 취하지 않았다'고 지적한다. 이를 해결하기 위해 HRW는 한국 정부에 대한 권고, 국회에 대한 권고, 교육부에 대한 권고 경찰청·대검찰청·대법원에 보내는 권고까지 총 47개의 세세한 권고문을 보고서에 게재했다. 국회에는 "모든 학교와 사업장에서 포괄적이고 인권을 존중하는 성교육과 디지털 시민교육 제공을 의무화하는 법률을 통과시키라", 교육부에는 "성교육 표준안과 제공방식을 개선하여 차별적 정형화를 없애고 성관계 시 동의의 중요성, 젠더폭력과 디지털 성범죄 예방 등 디지털 시민의식에 관한 교육을 포함시키라"같은 중요한 권고문이 담겨 있으니, 직접 확인해 보시기 바란다.

성교육, 성평등, 반편견, 디지털 성범죄 발생 억제, 성폭력 예방은 각각 별개의 것이 아니라 상호작용하며 발전하는 유기체다. 이는 개인이 들여다보고 수정할 수 있는 것이 아니라 균형 있게 맞물려 돌아가야 하는 사회의 거대한 톱니바퀴들이다. 한국의 그것들은 국가가 나서서 방치한 탓에 녹슬고 벌어져 있으며, 이 틈에 끼인 생존자들은 피해를 호소할 곳도 없고 보상을 받을 길도 없어서 고통 속에 신음하고 있다.

이제는 세계에서 가장 빠른 인터넷을 가진 것을 자랑스러워하는 대신, 가장 다양한 디지털 성범죄가 발생하면서도 피해자 구제와 가해자 엄벌이 이루어지지 않는 것에 수치심을 느껴야 할 때이다. 지금이라도 국가가 나서지 않으면 제2의 손정우, 조주빈은 더 빠른 주기로 등장할 것이고, 동의하지 않은 촬영물로 인해 협박을 받다가 스스로 죽음을 선택한 피해자들의 안타까운 상황을 보고만 있어야 할 것이다. 늦었다고 생각할 때는 정말 늦다.

일의 세계

어린이에게 롤모델이 되는 인물의 행동이나 직업적 성취에 대해

"지금 열심히 일하고 있는 사람들을 생각해 봐.
밤을 살아가는 동물들을 떠올려 봐."
―《우리가 잠든 사이에》(믹 잭슨, 존 브로들리) 중에서

주체적이고 긍정적으로 다루는가?

Q6 인물이 성별 차이 없이 다양한 영역에서 활동하나요?

일의 세계는 역사적으로 오랫동안 남성들의 세계였습니다. 이러한 고정관념에 도전하여 노력과 열정으로 '최초의 여성'으로서 새로운 직업의 세계를 개척한 여성들, 새로움에 도전한 용감한 여성들을 소개합니다.

Q7 인물이 성별 차이 없이 다양한 지위에서 동등한 역할을 하나요?

사회가 변화하고 여성들이 갖는 직업은 매우 다양해졌습니다. 그러나 일부 영역만 할 수 있게 제한하거나 덜 중요한 일만 맡기는 등의 장벽은 여전히 있습니다. 이러한 편견을 뛰어넘어 성취를 이룬 당당한 여성들을 소개합니다.

Q8 여성 인물의 노동을 본인, 가족, 동료, 사회가 존중하나요?

어떤 일을 할 때 주변 사람들이 그 일을 존중하는가 아닌가는 매우 중요합니다. 자신의 일이 인정받을 때 사람들은 자부심을 가지고 더 나은 방향으로 성장할 수 있기 때문이지요. 자기 일에 애정을 가지고 열심히 일하며 주변의 인정까지 이끌어냈던 멋진 여성 인물들을 소개합니다.

난 곤충이 좋아
: 어린이 과학자 소피아

꼬마 영화감독 샬롯

발명가 로지의
빛나는 실패작

수학에 빠진 아이

무언가에 푹 빠져 있는 사람의 머릿속은 온통 좋아하는 것에 대한 생각뿐이다. 소피아는 곤충을 사랑해서 모기나 파리, 바퀴벌레 한 마리도 죽이지 않는다. 그러나 친구들은 소피아를 이해하지 못한다. 꿈틀거리고 기어 다니는 것을 좋아하는 일이 차별의 이야기가 될 수 있는지 질문을 던지는 책이다. 어린이를 존중하는 어른들의 연대가 감동적이다.

톡톡 세계와 캐릭터라는 검사를 탐구하는 주체적인 여자 어린이가 주인공이 자꾸 나온다. 현대미술관(MoMA) 영화관를 배경으로 펼쳐지는 어린 샬롯이 미술과 자연 스케치 아주의 흥미롭다. 미술관 소장품, 예술 영화와 미술적인 직업의 세계를 묘사하며, 어린이들이 맘껏 자신의 검사를 넓히도록 격려하는 어른들이 나오는 멋진 이야기.

로지는 발명가가 꿈인 여자아이다. 삼촌을 위해 만든 날개옷이 비웃음을 자아내자 이기가 소심해지고 이 멍청이를 위해 만든 비행기가 엄마 눈치 못하고 옆의자가 크게 신음하도록 한다. 그러나 이 멍청마는 짱짱이감도 날지 않았어 넘버서 꺼진를 0개지지 않는다. 실패마며 성공하게 마련인 아이들, 조정하게 않고 계속 도전할 수 있게 용기를 북돋아주는 일이 얼마나 중요한지 말해준다.

엄마는 곤충 연구에, 아빠는 그림 그리기에 어기는 악기 연주에 푹 빠져 있는데, 내가 좋아하는 건 과연 뭘까? 여러 가지 시도 끝에 찾아낸 나만의 영역 대상이 바로 수학 수학을 좋아한다는 건 좀 괴짜 같은 취미지만, 세상을 바라보는 방법을 바꾼다는 의미에서 수학에 빠진 아이 꿈에 진정 멋지다. 노력보다 각자의 개성과 관심 영역을 품을 것을 응원하는 그림책.

소피아 스펜서·마거릿 맥나마라 글·케라스코에트 그림, 전수경 옮김
미디어창비 | 2020
미국 논픽션 그림책
44쪽, 228×292mm
13,000원
ISBN 9791190758116

프랭크 비바 글·그림
장미란 옮김|주니어 RHK
2015 | 미국 그림책
40쪽, 228×298mm
13,000원
ISBN 9788925556802

안드레아 비티 글
데이비드 로버츠 그림
김혜진 옮김|천개의바람
2015 | 미국 그림책
32쪽, 235×285mm
11,000원
ISBN 9788899784619

미겔 탕코 글·그림
김여진 옮김|나는별
2020 | 스페인 그림책
48쪽, 210×290mm
13,000원
ISBN 9791188574124

아라, 별을 코딩하다

우로마

리디아의 정원

정년이

별이 개수를 세고 싶은 주인공 아라는 코딩의 도움을 받고자 구글에서 일하는 엔지니어들을 만나게 된다. 이런지가 만난 문제 탐색가, 알고리즘 설계자, 코드 지휘자, 개선 해결사는 모두 여성 설계 구루 에지니어로 일하는 치자가 여성 동료들을 모델로 이야기를 꾸렸으며, 과학기술 분야가 남성만의 영역이 아님을 색다르게 보여준다.

코랄 성 글, 이매 코나리 그림, 홍지연 옮김 | 을파소
2019 | 미국 그림책
52쪽, 254×254mm
14,800원
ISBN 9788950979485

그림에 큰 재능이 있는 '우로마'는 아버지의 지원으로 이름난 화가에게 그림을 배우며 실력을 쌓아나간다. 어느 날 아버지는 지원상을 거절하라며 '우로마'라는 귀한 캔버스천을 사주신다. 우로마 그림은 자자 명가지기만 한다. 근질이게 노력하며 여를 번째 서드에 드디어 그림에 응운하는 우로마가 진정한 성취는 무엇이었을까.

차오원선인 글, 이수지 그림, 신순항 옮김
책읽는곰 | 2020
한국·중국 그림책
48쪽, 210×300mm
13,000원
ISBN 9791158361822

아버지가가 실직하자 도시에게 빵가게 하는 외삼촌 집에 가서 살게 된 리디아는 어느 날 큰 건물 옥상에 비밀을 만든다 꽃을 심고 정성것 정원으로 가꾼다. 삼촌이 생일 파티 날, 정원이 감짝 공개되었을 때 묵묵히 반 산존아저 숨마시 웃음을 짓게 된다. 어디선가 삶을 이름답게 만드는 누 둥에 대해서 잘 보여준다.

사라 스튜어트 글, 데이비드 스몰 그림, 이복희 옮김 | 시공주니어
1998 | 미국 그림책
36쪽, 205×270mm
11,500원
ISBN 9788952783134

무대에 인생을 바친 여성 청년들 이야기. 1950년대에 '여성국극이라는 공연 예술이 있었다. 여성 국악인이 모든 배역을 맡고 노래판가 연기를 선보이는 종합 예술로, 당대 여성 관객들 사이에 여자난 연종을 일으켰다. 틈새 배경으로 다양하지만 꽉 한한 영양이는 한결같는 여러 군들이 드라마틱한 서사시만 무매를 향한 어릴 우리 만화의 수작이다.

서아래 글, 나몬 그림
문학동네 | 2020
한국 만화
280쪽, 140×210mm
15,000원
ISBN 9788854671422

할머니, 어디 가요? 쑥 뜯으러 간다!

바닷가 작은 마을에 손자들이 살고 있는 할머니와 손녀의 사계절이 다채롭고 흥겹게 펼쳐지는 '옥이네' 시리즈의 봄 이야기. 강렬한 색채와 거칠없는 선이 그림의 지면 속에서의 사소한 감동 드드라지게 그려낸다. 두 인물이 이끌어가면 손자없다면 어떤 생활이 그려질 수 있을까가 문득 궁금해진다.

조혜란 글·그림 | 보리
2007 | 한국 그림책
57쪽, 210×260㎜
15,000원
ISBN 9788984285811

막두

도미를 들고 함께 선 막두 할매의 그림은 표지부터 이 책의 견과함과 자신감이 힘을 보여준다. 저게 피린이로 부슨 지킬지 시작가지 흘러온 막두 할매의 이야기는 거칠지만 강동을 준다. 담아낸 그림 스타일을 통해 진솔하게 전달된다. 여성을 대상화하지 않고 한 명의 생활인으로, 삶을 담담히 짊어지고 되짚어가는 주체로 존재로서 흥등이 묘사하고 있다. 주체와 사키서 지단한 모두 힘 있는 작품

정진호 글·그림
이야기꽃 | 2019
한국 그림책
40쪽, 220×286㎜
16,000원
ISBN 9788899751395

물개 할망

제주 사람들은 숨세 좋은 상군 해녀를 "용왕 발이라고" 한다. 아이에게 해녀 함안은 영웅이 던져같이 크고 강인한 존재지만, 바다는 너무 가친 곳이라서 늘 두려이기도 하다. 아이는 "바대에서는 절대 욕심내면 안 된다"는 기본을 잊고 벗어지는 것을 위해 손을 뻗는다가 그만 물길음 부게 되는데. '바닷라는 어머니 자연, 곧상 자연에게 이경심을 지니고 살아온 할머니가 다음 세대인 손녀에게 전해주는 사랑과 지혜의 이야기.

오미경 글, 이명애 그림
모래알 | 2020
한국 그림책
44쪽, 290×252㎜
15,000원
ISBN 9791157852918

할머니의 트랙터

할머니는 란스틱을 바르고 빨간 트랙터를 몰고 나가 과수원을 돌보고 농사를 짓는다. 할머니를 기다리는 그동안 진래서 심뱅르 하고 있다는 음악도 만들며 할매니를 기다린다. 성욕을 궁국긴새에서 벗어나 다시 하리 싶고 좋아는 일을 하면서 살아가는 노부부의 머음이 따듯이나 겪호롭고 행복해 보인이다.

인에무 로베이다 글
파멜로 도메니코니 그림
김하무 옮김 | 한가래출판
2019 | 이탈리아 그림책
32쪽, 244×244㎜
12,000원
ISBN 9791160402995

오, 미자!

'여자가 하기 좋은 직업이라는 것이 뭘까?'라는 구태의연한 질문에 좋은 해답을 제시한다. 책 속의 미자씨들은 수많은 직업군 중 여성이 빛을 발할 수 있는 직업이 얼마나 다양한지 지켜 증명한다는 노동이 꽃을 매듭을 보여주며, 노동과 여성이 삶에 대해 생각해볼 수 있는 그림책.

박숙 글·그림 | 노란상상
2019 | 한국 그림책
64쪽, 190×260㎜
14,000원
ISBN 9791188867288

꿈을 나르는 책 아주머니

1930년대 대공황 시기 미국에 실재했던, 이동하는 책가게라 도서관인 역사를 다루는 그림책. 공공 도서관 및 책의 문화사 안에서 여성들이 역할이 두드러지게 보이는 이야기이기도 하다. 읽는 것에 목둠 값이 없던 남자아이가 붉은 서을 배경으로 책에 고개를 담은 마지막 장면이 감동으로 다가온다.

헤더 핸슨 글
데이비드 스몰 그림
김경미 옮김 | 비룡소
2012 | 미국 그림책
40쪽, 210×262㎜
12,000원
ISBN 9788949112237

알레나의 채소밭

학교에 가다 본 잡초투성이 밭. 그 밑에 이랑이 생기고, 새싹이 돋고, 온갖 채소가 자란다. 어느 날 밭에 있던 채소들이 모두 사라져 놀란지만 자투에서 알레나 아줌마를 만나 그 밭이 아줌마인 채소밭인 걸 알게 된다. 알레나 아줌마가 탑을 알구고 채소를 자라게 한 것이다. 노동이야말로 세상을 아름답고 건강하게 바꾸는 힘이라는 걸 보여준다.

소피 비시에르 글·그림
김미경 옮김 | 단추 | 2017
프랑스 그림책
56쪽, 210×255㎜
14,000원
ISBN 9791196175207

우리 엄마는 고래를 몰아요

아이가 버스 운전기사인 엄마에 대해 서명하는 문장과 상상력을 자극하는 그림이 사랑스러운 그림책이다. 아이가 잠들 준비를 할 때 엄마로 나가는 엄마를 그린 장면이 엄마가 버스 승객들에 대해서 이야기해주는 장면이 지면이 특성이 잘 보여준다. 지친 엄마를 안아주고 싶어 하며 엄마를 자랑스러워하는 아이의 감정이 잘 표현되어 있다.

키아라 로렌조니·글쓰
파체코 세할리아 보타
그림, 린지원 옮김 | 씨드북
2018 | 이탈리아 그림책
32쪽, 280×224㎜
12,000원
ISBN 9791160511994

우리가 잠든 사이에

여자아이, 클로딘

눈에 보일까 세면, 눈에 잘 띄지 않는 곳에서 우리의 일상을 지탱해 주는 노동자들이 존재는 물론 동식물을 비롯해 살아 움직이는 자연까지, 어느 요소 하나 가벼이 않은 비중으로 담아낸 그림책 속의 관점에는 생명과 죽음이 종결와 인종을 초월하여 다양한 사람들이 망라되어 있다. 나의 일상과 연결되어 있는 모든 존재를 자연스레 떠올리게 해준다.

글 잭슨 글
존 브로들리 그림
김지은 옮김 | 봄봄 | 2020
영국 그림책
40쪽, 220×280mm
15,000원
ISBN 9791190704120

작품의 배경인 1881년 프랑스 리옹시 리옹근교의 여성 노동자들과 아동 노동자들이 마흔게 꾸려가던 시절이 주축이하던 시절의 이야기를 다룬다. 열한살 직공 클로딘의 삶을 통해 노동자가 어떻게 인간답게 살 권리를 얻기 위해서 맞섰는지를 보여준다. 여성과 노동에 대해서 깊이 있는 이야기를 나눌 수 있도록 돕는 책이다.

마리-크리스틴 엘가슨 글
이브 보자르 그림
박향왕 옮김
비룡이이블 | 2005
프랑스 동화
244쪽, 147×210mm
9,500원
ISBN 9788990878182

글은 발로 쓴다!

이지유(과학 논픽션 작가)

글은 무엇으로 쓸까?

안녕하세요. 과학 논픽션 작가 이지유입니다.

> 여러분, 글은 무엇으로 쓸까요?
> 글은 발로 씁니다.

글을 발로 쓴다니 이게 무슨 말인지 궁금하시죠? 사람들은 작가를 책상에 앉아서 글을 쓰는 아주 정적인 일을 하는 사람으로 생각합니다. 물론 실제로 쓸 때는 앉아서 쓰지만, 글 쓰는 일은 책상 앞에 앉기 훨씬 전부터 이루어집니다.

예를 들어 사막에 대해 써야겠다고 생각하면 지질학 교과서와 논문을 읽은 뒤, 사막을 다룬 과학 교양서, 다큐멘터리, 신문 기사를 모두 찾아서 읽고 봅니다. 동시에 사막에 갈 돈을 모읍니다! 공부를 다 하면 이제 사막으로 달려갑니다.

사막에 가면 특유의 냄새가 있고, 느낌이 있고, 소리가 있습니다. 헤어드라이어에서 나오는 듯한 뜨겁고 건조한 바람이 숨 쉴 때마다 폐로 들어가기 때문에, "우와, 내 가슴속으로 훅 들어온다는 것은 바로 이런 느낌이구나."하며 생생하게 경험할 수 있죠.

차 위에 잘 올려놓은 식량 통이 떨어져 40도가 넘는 사막에서 햇반을 찾으러 돌아다니다 보면, 차라리 굶는 것이 좋겠다는 생각이 듭니다. 너무 더워 전자기기가 작동하지 않는 바람에 카메라를 겨드랑이에 끼우고 식히기도 했습니다. 바깥보다 내 몸이 더 시원했으니까요. 이 모든 사건들이 사막을 오감으로 느끼게 해줍니다.

지식이 경험으로 변하는 순간이죠!

아는 것과 느낀 것 두 가지가 함께 있어야 독자의 공감을 얻는 글을 쓸 수 있어요. 과학 논픽션 작가가 과학지식만 전달한다면 의미 있는 일을 하고 있다고 볼 수 없습니다. 그건 이미 인터넷이 하고 있으니까요. 작가는 지식을 전달하는 데 그치지 않고, 그 지식을 바라보는 새로운 관점을 제시해야 합니다. 그래야 독자가 세상을 보는 또 다른 눈을 가지게 되니까요!

독자들은 그 새로운 눈 덕분에 나다움을 찾을 수도 있고, 그간 괴로웠던 일의 원인도 깨달을 수 있습니다. 낯선 자연 환경에 가면 삶의 방식을 바꾸어야 그곳과 조화롭게 살 수 있다는 사실도 깨달을 수 있습니다. 독서를 통해 이런 일을 가능하게 하려면, 아는 것만 가지고 글을 써서는 이런 목적을 달성할 수 없어요. 그래서 글을 발로 쓴다고 비유하는 것입니다.

"아이들 밥은 누가 해줬어요?"
한번은 한 초등학교에 가서, 사막에 대한 책을 쓰기 위해 사막에 가서 세 달 동안 살았다고 했더니, 한 여자아이가 손을 들고 질문을 했습니다.

"작가님이 사막에 가 있는 동안 아이들 밥은 누가 해줬어요?"

이럴 수가! 강연 내내 그 아이는 나와 함께 사막을 여행하지 못하고, 여전히 현실에 남아 작가의 자식들이 밥을 굶지 않을까 걱정하고 있었던 겁니다.

저는 그 질문자가 여자아이였기에 더욱 마음이 아팠습니다. 이 사회가 여성에게 씌운 굴레를 상징적으로 보여주는 장면이었기 때문이죠. 그래서 저는 아주 밝은 얼굴로 이렇게 대답했습니다.

"내 남편도 밥을 할 줄 알아요. 집에서 밥하기 싫으면 나가서 사 먹어도 돼요. 세상에는 빵도 있고 김밥도 있고 떡볶이도 있고 맛있는 것 많잖아요? 아마 우리 식구들은 내가 없는 사이 그동안 먹고 싶었던 것을 식단표로 짜서 먹고 다녔을지도 몰라요. 아무튼 우리 식구들은 내가 없는 세 달 동안 아무도 굶어죽지 않고 잘 살았어요. 학생의 아빠도 아마 밥을 잘 하실 거예요. 그동안 하지 않아서 그렇지. 그러니 아빠가 밥을 할 기회를 주세요."

아이의 눈은 대답을 듣는 내내 동공지진을 일으켰습니다. 그리고 강연이 끝난 후 책을 들고 달려와 이렇게 이야기했어요.

"작가님, 저도 작가님처럼 세계를 돌아다니며 글을 쓰는 작가가 될래요. 우리 나중에 만나요!"

이 아이의 눈은 아까와 달랐어요. 눈에는 생기가 돌고 행동에 패기가 있었죠. 사람이 달라진 거예요. 밥하고 빨래하고 애 잘 키우는 여성이 최고라는 가부장제 사회가 만들어낸 현모양처 개념에서 완전히 벗어나, 여성도 사막에 달려가 모험을 하며 책 쓰는 일을 할 수 있다는 '인식의 전환'을 이룬 거지요. 아이를 위해 밥을 하느라 사막에 취재하러 가지 못하는 여성이 아니라, 사막으로 달려가는 그 여성에 동기화가 된 거예요. 그 짧은 시간에 이런 인식의 전환을 이루어낸 걸 보면, 이 아이는 애초에 우리 사회가 가지고 있는 성불평등에 대한 예민함이 있었던 거예요. 저는 거기에 마중물만 살짝 부어준 것이고요. 저는 정말 기뻤습니다. 제가 한 인간의 인생을 바꾸는데 일조했다는 소리잖아요. 강연이 끝나고 남자아이들도 달려와서 이렇게 이야기했습니다.

"작가님, 너무 멋져요! 근데 작가님 할머니 아니에요?"

이런! 뭐 아무래도 좋습니다. 사막에 대한 제 책이 이 여자 어린이에게 미래를 바꿀 만한 인식 전환을 선사할 수 있었던 이유는, 제가 사막에 직접 가서 겪었던 생생한 이야기가 있었기 때문입니다. 만약 이것이 사막에 대한 지식을 단순히 나열한 책이었다면 그저 또 다른 교과서나 참고서에 불과했겠죠.

기후 변화와 성평등

얼마 전 저는 기후 변화에 관한 책을 하나 썼습니다. 학생들이 그 책을 보고 이렇게 물었습니다.

"글을 발로 쓰시는 작가님, 기후 변화를 극복하기 위해 무엇을 하셨나요?"

저는 이렇게 대답했습니다.

"나는 걷기, 냉장고 쓰지 않기, 성평등 운동, 이렇게 세 가지를 합니다."

기후 변화는 이제 인류가 해결해야 할 가장 위급한 문제입니다.

당장 행동하지 않으면 어린이, 청소년이 지구에서 살 수 없을지도 몰라요. 제가 실천하는 항목을 보면 걷기는 이해가 가지만 나머지 두 가지는 이상하게 느껴질 수도 있어요. 설명해 드릴게요.

냉장고나 에어컨에 쓰이는 냉매는 이산화탄소보다 몇십 배나 강력한 온실가스입니다. 아주 적은 양으로도 지구의 기온을 높일 수 있죠. 에어컨이나 냉장고를 폐기할 때 냉매는 따로 잘 수거해서 공기 중으로 흘러들어가지 않도록 해야 합니다. 하지만 그것이 참 힘들어요. 자동차 냉매 가스가 새서 다시 보충한 경험들이 있죠? 27년 동안 쓰던 냉장고가 고장 났을 때 저는 결심했습니다. 냉매를 공기 중에 배출하지 않는 가장 확실한 방법은 처음부터 쓰지 않는 것이다! 그래서 2018년 3월부터 지금까지 냉장고 없이 살고 있습니다. 저도 놀라고 있어요. 이렇게 '안' 불편하다니!

믿기지 않겠지만 기후 변화와 성평등도 깊은 관련이 있습니다. 유엔식량농업기구의 발표에 따르면 저소득 국가의 여성에게 토지권과 토지를 이용한 재화 접근성이 늘어난 경우, 식량 수확량이 20~30퍼센트 늘고, 굶는 사람이 줄며, 추가 농지 확보를 위해 열대 우림과 숲을 더 베지 않아도 된다고 합니다. 게다가 여성 지주들은 수익률의 90퍼센트를 교육과 공동체 발전을 위해 재투자하기 때문에 여성 교육에 큰 힘이 된다고도 합니다.

여성이 교육을 받으면 결혼과 출산 시기가 늦어져 전 세계 인구 증가율을 낮추는 효과가 있습니다. 기후 변화의 원인인 지구온난화, 지구온난화의 주범인 이산화탄소 배출량이 인구와 정확히 비례관계가 있다는 점을 고려할 때, 인구 증가를 막는 것은 가장 확실한 기후 위기 대처법입니다. 이는 비단 저소득 국가에만 해당하는 일이 아닙니다. 기후 변화로 식량이 줄고 상점에 식료품과 물이 사라지는 상황에서, 가장 먼저 피해를 보는 것은 이 사회의 약자인 어린이와 노인, 그리고 여성입니다. 그래서 저는 성평등을 위해 제가 할 수 있는 일을 하기로 했습니다. 그게 뭐냐고요? 바로 저를 보여주는 겁니다. 대한민국 50대 여성인 제가 어떤 일을 하며 살아가고 있는지 보여주는 거지요.

성역할 고정관념을 깨는 사람

작년에 여성가족부가 운영하는 성평등 교육 프로그램의 일환으로, 경기도의 한 중학교에 가서 성평등 교육을 해달라는 부탁을 받았습니다. 성역할 고정관념을 깨는 강의를 해달라는 부탁이었죠. 과학계는 여전히 남성 위주로 돌아갑니다. 남성 과학자의 수가 많고 결정권자들은 대부분 남성입니다. 그중에도 과학 대중화를 위해 글을 쓰는 사람은 매우 적습니다. 더군다나 오지를 탐사하고 그 결과를 글로 써서 책을 만드는 사람은 거의 손에 꼽을 정도입니다. 그런데 그런 일을 하는 사람이 여성이라니, 게다가 나이가 젊지도 않은 여성이라니! 저 자체가 학생들에겐 성역할 고정관념과 편견을 깨는 좋은 본보기였던 것입니다.

저는 중학생 150명 앞에서 내가 어떤 방식으로 과학 논픽션 작가의 삶을 이어가는지 말해주었고, 아이들은 자기 엄마보다 나이 많은 여성이 사막, 화산, 아프리카 초원을 종횡무진 뛰어다니는 모습을 보며 깊은 생각에 잠겼습니다. 여학생들은 자신의 미래에 대한 가능성을 보았고, 남학생들은 여성이 저렇게 살 수 있다는 사실을 깨닫게 되었습니다. 특히 남학생의 경우, 여성이 제자리를 잡으면 남성의 입지도 넓어진다는 인식 전환을 경험했습니다. 태어나기 전부터 주어졌던 남자다움의 무게를 벗어버리면 훨씬 나다운 삶을 살 수 있다는 사실을 깨달은 것이죠. 이와 같은 경험을 모두 녹여, 기후 위기에 관한 책을 쓸 때 성평등이 기후 위기를 극복할 방안이라는 이야기를 강조해 썼습니다. 아마 국내에 나온 기후에 관한 책 가운데 쪽수 대비 성평등의 중요성을 가장 많이 강조한 책일 거라고 주장합니다.

기승전책! 내 삶이 곧 책이다.

과학책을 읽는 목적은 무엇일까요? 저는 책을 통해 '발견의 기쁨을 느끼고 행동의 변화를 몰고 오는 것'이라 생각합니다. 내가 쓴 화산에 대한 책을 읽으면 화산은 물론 그 옆에서 사는 수억 명의 삶에 대해 발견하는 기쁨을 얻고, 다른 화산책을 찾아 읽거나 화산으로 달려가게 만들고 싶은 것이죠. 그래서 저는 활화산이 있는 하와이에서 2년을 살면서 화산에 대한 책을 썼습니다.

또 우리나라의 가장 큰 연구용 망원경인 '보현산 1.8미터 광학 망원경'을, 프랑스에서 만들 때부터 보현산 천문대에 가져와 설치할 때까지 지켜본 경험을 바탕으로 우주에 관한 책을 썼습니다. 아프리카 세렝게티를 다녀와서 동물 이야기를 쓰기도 했고요. 스키를 타다 오른손이 부러졌을 때는 왼손으로 그림을 그리고 글을 써서 책을 만들었지요. 오른손잡이인 저에게는 아주 특별한 경험이었습니다. 책에 그 경험이 고스란히 녹아 있지요.

이뿐 아니라 삶과 과학을 연결하기 위해 다양한 분야의 경험을 하려고 애를 씁니다. 30대에는 바이올린을 배워 연주회를 열었고 40대에는 첼로를 배웠어요. 창업을 목적으로 하는 분들과 15주에 걸친 바리스타 과정을 마치기도 했고, 레크리에이션 2급 강사 자격증도 있고, 패러글라이딩, 스키, 복싱, 스피닝, 줌바, 스쿼시 같은 운동도 합니다. 모두 저에게 끊임없는 영감을 불러일으키고 과학을 설명하거나 묘사할 때 직접적인 예시가 되며, 건강관리에도 큰 도움을 주죠. 건강 바디 챌린지에 나가 1등을 한 적도 있습니다. 얼마 전에는 판화에 푹 빠져서 실크스크린으로 찍은 그림들로 여성 과학자만 29명이 등장하는 책을 만들기도 했습니다.

13년 전에는 두 차례에 걸쳐 암투병을 한 적도 있습니다. 인생에서 가장 두려웠던 때라 할 수 있죠. 이렇게 죽는 거구나, 하고 죽음이 멀지 않은 것으로 생각했으니까요. 하지만 그 또한 떨쳐내고, 지금은 무엇에 대해 쓸까, 어디로 갈까, 무엇을 할까, 즐거운 계획을 세우고 있습니다.

지인들은 저를 보고 이렇게 이야기합니다.

기승전책!

제 삶이 곧 책입니다!

이런 삶을 살기 위해 여성이라는 성별로 방해받아서는 안 됩니다. 사회가 만든 여성스러운 삶에 자신을 가두지 마세요.

그런 건 없으니까요!

이 글은 2020년 11월에 있었던 TEDxSeoulWomen: FEARLESS 온라인 강연 내용을 바탕으로 집필한 원고입니다. TEDWomen 컨퍼런스는 매년 전 세계에서 약 200여 개의 강연과 함께 진행되며, 2020년에는 성평등 사회를 위해 두려움 없이 행동하고 목소리를 높여 온 연사들의 강연이 진행되었습니다.

가족

가족의 다양성과 가족 내 역할과

"가족들을 다치게 하면 어떻게 해. 물지 말라고 했잖아.
이제 큰일 났어. 이렇게 큰일을 저질러 본 적은 없단 말이야.'
'인생 잘못 살았네.' 악어가 대꾸했어요."

— 《코라와 악어 공주》(로라 에이미 슐리츠, 브라이언 플로카) 중에서

가사 및 돌봄 노동이 성평등 문제를 다루는가?

4

Q9 다양한 가족 형태를 긍정적으로 보여주나요?

오늘날의 가족은 한부모, 조손, 다문화 가족에서부터 입양, 이혼, 재혼을 통해서 이루어진 가족까지 형태가 매우 다양합니다. 그래서 가족마다 고민이 다른데요. 가족의 모습이 어떠하든 사랑하고 의지하며 꿈을 키워나가는 어린이들을 따뜻하게 응원하는 어린이책을 소개합니다.

Q10 모든 가족 구성원의 의사결정권이 존중되나요?

가족은 서로 사랑하는 사이지만 성별이나 나이에 따라 다른 권리와 의무가 주어지기도 합니다. 변화해가는 가족에 어울리는 생각이나 태도는 어떤 것일까요? 각자의 개성에 따라 겸손하게 배우고 행복을 찾아가는 가족 이야기를 소개합니다.

Q11 가사노동과 돌봄노동에 모든 가족 구성원이 능동적으로 참여하나요?

가사노동과 돌봄노동은 오랫동안 여성의 일로 여겨졌습니다. 그러나 서로 존중하고 사랑하는 가족이라면 집안일과 돌봄을 구성원 모두의 책임으로 여기고 함께 해나갈 것입니다. 성별이나 나이와 상관없는 가사노동과 돌봄노동에 대한 이야기들을 소개합니다.

엄마 왜 안 와

하루 종일 바쁜 엄마, 하루 종일 애타게 엄마를 기다리는 아이. 마음대로 안 되는 존재가 애틋하게, 하지만 차분하고 따뜻하게 서로 묻고 답하며 소통한다. 둘이 능숙하게 사용하는 독소하는 환성이 두두한 현실을 종분히 건딜 힘을 전해주는 듯하다. 하루 종일 붙어 있는 시간이 아니라 이런 넉넉한 소통과 환성이 둘 사이를 더 건고하게 해주고 더 숙숙하게 해주는 게 아닐까.

고정순 글·그림
웅진주니어 | 2018
한국 그림책
40쪽 | 245×185mm
13,000원
ISBN 9788901226019

알사탕

천소리만 늘어놓는 무뚝뚝한 아빠와 나이 든 강아지와 함께 살며 세상을 떠난 할머니를 그리워하는 동동이. 이 아이의 외로움은 마법 알사탕을 통해 남의 속마음을 들다름으로써 달래지고 채워진다. 이해하고 보살피고 감싸주는 성찰이 꼭 무성이어야만 할 수 있는 건 아니다. 늘 개나 소파언트도 소통할 수 있는데 인간끼리 소통하지 못할 게 무엇이란 말인가.

백희나 글·그림
책읽는곰 | 2017
한국 그림책
48쪽, 250×250mm
12,000원
ISBN 9791158360375

고양이 손을 빌려 드립니다

직장일에 바쁜 엄마가 고양이 손이라도 빌리고 싶다던 말이었자, 고양이 노랑이가 진짜로 엄마를 돕기 시작한다. 그러자 엄마 몸에 털이 나고 꼬리가 생기는데. 가사노동은 온 가족이 함께 나누어야 하는 일임을 고양이 손을 빌려 문제를 해결하는 엄마 입장의 이야기를 통해 보여준다.

김세원 글, 조원희 그림
웅진주니어 | 2017
한국 그림책
40쪽, 220×246mm
12,000원
ISBN 9788901217055

숲에서 보낸 마법 같은 하루

엄마 손에 이끌려 시골 할인집에 온 아이. 늘 재미있게 놀아주던 아빠가 없는 하룻동안에 게임으로 하며 시간을 죽인다. 엄마한테 혼나고 화가 나서 집 밖으로 나왔다. 비는 내리고 게임기는 연못에 빠뜨린다! 그런데 그 바람에 아이는 닭에이도 쪽도 본지 보고, 버섯 냄새도 맡고 숲을 온몸으로 느끼게 되고! 마법 같은 하루를 보내고 난 뒤 아이는 이제 마음을 읽고 엄마와의 이야기를 여유롭게 찾는다.

베아트리체 알레마냐 글·그림, 이세진 옮김
미디어창비 | 2017
프랑스 그림책
48쪽, 220×300mm
13,000원
ISBN 9791186621455

아빠는 페미니스트

아빠가 엄앙이 주체가 되어, 성역할의 간섭을 넘어선 인사이의 행동을 보여주는 그림책. 아이들에게 평등한 기회와 편견 없는 태도가 좋아하다는 것을 아는 어른들을 위한 성교적 안내서이기도 하다. 아빠가 페미니스트가 된다는 것은 딸이 자전거 처음과 낚시바늘 깨기 같은 놀이를 하는 걸 지원해주는 것처럼 즐거운 일이다.

린다 리트 글·메건 워커
그림, 손성인 옮김 | 봄나무
2018 | 미국 그림책
32쪽, 191×254mm
12,000원
ISBN 9791156131205

세 엄마 이야기

시골로 내려간 엄마가 힘들게 콩 농사를 짓는다. "엄마 도와줘!"라고 응원하면 엄마인 엄마, 엄마인 엄마가 어딘가 쩌쩌게 나타난다. 삼 대 여성이 일하는 동안 남자들이라던 놀지 않는다. 플랜코 하고 밭에서 콩을 고른다. 함께 일하며 하는 즐거움과 보람을 보여주는 흙냄새 나는 농요요 같은 그림책.

신혜원 글·그림 | 사계절
2008 | 한국 그림책
44쪽, 212×258mm
11,500원
ISBN 9788958283010

할머니의 조각보

무명 쇠도구로 이기 가보로, 경혼식 천막 차양으로 할머니의 조각보는 집에서 덮은 진에서 내려오며 삶을 감싸는 베일이 된다. 몬갓 여자들이 머어 앉아 몬갓 사연을 담은 건을 바느질해 만들어낸 조각보는 삶의 부분들이 머어 역사를 건동하는 집단의 힘을 상징하다. 특히 여자들이 부드럽고 아름다운 힘을

패트리샤 폴라코 글·그림
김서정 옮김 | 미래아이
2003 | 미국 그림책
64쪽, 266×226mm
14,000원
ISBN 9788983948540

엄마의 초상화

엄마가 그려 엄마이야기인 것인 엄마를 그려주고 있단 말이. 엄마의 또 다른 면모를 발견해서 보여주는 눈길과 손길이 드러난다. 엄마가 자기 이름을 찾고, 자기 목소를 고이아 드러내고, 자기실적을 당당히 추구하는 마음을 보여주면 않는 좀 풍성한 엄마가 될 수 있지 않을까.

유지연 글·그림
이야기꽃 | 2014
한국 그림책
32쪽, 232×305mm
12,000원
ISBN 9788998751098

누가 진짜 엄마야?

나는 엄마가
둘이래요!

엄마

나도 가족일까?

엄마가 한 명인 사람도, 둘인 사람도, 더 여럿인 사람도, 없는 사람도 있는 세상에서 '누가 진짜 엄마야?'라는 질문이 의미를 생각해 보게 한다. 한 손가락으로 콕나무상자를 하고 그 책을 들고 그래미 언어를 사용하고, 자기 전에 뽀뽀해주는 엄마들일 매주 어린 표정과 몸짓으로 소개하는 주인공 엄마와 함께 가족의 새로운 정의를 찾아보자.

주인공 이래는 "엄마는 하나여야 한다"는 친구들 앞에서 자기는 엄마가 둘이라고 당당하게 말한다. 남이 준 엄마는 어떤 사람일까 상상하다가 그만 발을 헛디뎌 넘어지는 이래를 읽어주 주는 것은 지금이 엄마. 어디선가 당당하게 살아가고 있을 남이 준 엄마를 그려 보면서도 지금 이 순간의 행복을 누릴 줄 아는 주인공을 응원하게 된다.

아이에게 느닷없이 새엄마가 생겼다. 엄마는 자기 일에만 몰두하고 아이 마음에는 통 관심이 없어 보인다. 그런 엄마가 어렵고 서글프지만 그래도 엄마 생일에 물고기 어항을 선물로 준비한다. 다음 날 아침에 어항이 보이지 않아 슬픔에 빠진 아이. 하지만 어항은 엄마가 가장 아끼는 화분 옆에 놓여 있다. 서로에게 손 내밀며 한 걸음씩 가까워지는 또 다른 가족 이야기.

아기를 가질 수 없는 부부가 늘에서 아기를 발견한다. 아기에게는 비늘이 있지만 부부는 개의치 않고 아기를 보리산다 이름으로 부르며 사랑한다. 어느 날 늘에서 불어오는 냄새를 맡고 진짜 가족을 찾겠다며 놀으로 떠나는 보리스. 가족이란 어떤 존재일까? 없음. 존재감, 가족이 의미 등에 대해 생각하게 하는 작품이다.

버나딧 그린 글
애나 조벨 그림
노지양 옮김 | 윈더박스
2021 | 호주 그림책
34쪽, 242 × 282㎜
13,000원
ISBN 9791190136358

전성희 글 · 그림
노란돼지 | 2020
한국 그림책
40쪽, 226 × 275㎜
13,000원
ISBN 9791159950865

김미희 글 · 그림
불긴들 | 2020
한국 그림책
40쪽, 215 × 245㎜
14,000원
ISBN 9791197223310

다비드 칼리 글
마르코 소마 그림
김경연 옮김 | 봄볕 | 2016
이틀리아 그림책
32쪽, 225 × 310㎜
12,000원
ISBN 9788974741266

가족

따로따로 행복하게

사랑해서 결혼했으나 서로가 너무나도 다른 부부. 갈등이 깊어지자 아이들이 나서서 부모의 '맞선식'을 권하고 파티를 주선한다. 불화하고 서로 줄어들며 가족으로 살기보다는 혼이 단계를 밟아 따로따로 행복하게 사는 게 더 나을 수 있다는 메시지. 물이 좋가와 그림과 이혼에 대한 현실적인 동화이다.

배빗 콜 글·그림, 고승아
옮김 | 보림 | 1999
영국 그림책
32쪽, 230×225㎜
9,500원
ISBN 9788943302504

커다란 포옹

가족 구성원의 변화를 읽과 새장글 표현한 그림책 부모가 이혼해도 여전히 자녀를 사랑하고 새로운 가족과도 사랑이 넘치는 공동체를 만들 수 있다는 것을 보여준다. 만남과 이별, 그리고 새로운 만남이 시작을 자연스럽게 이해하도록 도와준다. 또한 추상적이고 이름다운 그림이 구성을 통해 예술을 담음을 지구준다.

제롬 뤼예 글·그림
명혜권 옮김 | 단·그림
2019 | 프랑스 그림책
40쪽, 225×225㎜
14,000원
ISBN 9791196168862

풍선 다섯 개

부모의 이혼과 가족 구성원이 헤어짐을 통해 겪는 감정을 솔직하게 표현한 책 외로움, 원망스러움, 슬픔, 분노 등 복합적인 감정을 여과없이 드러내며 이 모든 것이 자연스러운 일임을 보여준다. 그 감정을 통해 자신의 상처를 치유할 수 있다는 따뜻한 위로를 건네다.

강영미 글·그림
시공주니어 | 2019
한국 그림책
64쪽, 150×220㎜
12,000원
ISBN 9788952789068

오늘은 도서관 가는 날

책을 좋아하는 루네에겐 도서관 가는 날을 기다리는 특별한 이야기 하나가 더 있다. 언어저 아는 아빠를 만나기 위해서다. 루네와 아빠는 각자 좋아하는 공종이나 마음에 관한 책, 아빠 고향에 관한 책을 함께 보며 서로를 더 잘 이해하게 된다. 또 헤어진 가족에 관한 이야기는 많은 표정 뒤에 감춰진 루네의 이혼 마음을 반듯하게 아우른다. 이혼한 책을 통해 교감하는 가족애와 책의 마음을 느낄 수 있다.

조셉 코엘료 글
피오나 룸버스 그림,
명혜권 옮김 | 노란재지
2020 | 영국 그림책
36쪽, 240×280㎜
13,000원
ISBN 9791159560797

제1회
나다움어린이책
창작 공모
대상 수상작

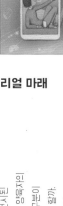

마술 딱지

비밀 소원

엄마의 마흔 번째 생일

리얼 마래

결혼하지 않은 엄마와 단둘이 살던 주우는 어느 날부터 엄마의 남자친구인 봉주 씨와 함께 살게 된다. 주우와 봉주 씨가 새로운 가족 관계를 만들어가는 과정이 차분하게 그려진다. 삼촌처럼 역사를 좋아하고 딱지를 잘 치는 주우와 주우의 활달한 캐릭터를 한눈에 가득에서 자라는 어린이, 여성 이들이 진정 속에 따른지 않는다. 혈연 중심의 가족 개념이나 가족 내 성역할 고정관념을 넘어서는 동화이다.

엽한 살이 소원들이 여름날 강변 소풍처럼 처음하게 밀려오는 장면동화. 주인공의 엽한 상 어린이들이 간절하고 단지한 소망은 '평상' 가족과 다른 자기 가족 형태를 편견 없이 받아들인 후 씩씩 희망이라는 존재서 더 긴급적이다. 용감한 태권 소녀, 야무진 여성 영웅자의 피디, 엽안한 할머니, 비혼주의자 이모 등 다채로운 여성 이물도 등장한다.

누 동생을 키우고 한에게 살해하던 엄마가 어느 날 주당함을 선언한다. 엄마를 이해 하는 차은찬, 냉소적인 큰딸, 유아적인 둘이 방안이 보이는 아빠, 가족 구성원들의 각자 다른 모습들이 깊은 서정을 요구한다. 발표될 때는 사랑받 종이인형 동화인데, 우리 동화에는 이 중견에 세대로 대응하여 한 발 나아갔는가에 대한 서정을로 요구된다.

육아 필로자인 부모에 의해서 사이버 세계에 저신의 삶이 저시된 어린이의 고민을 다룬 작품이다. 온라인 인간관계의 허상과 양육권이 위산을 비판한다. 보여주기 위한 삶과 진짜 사이가는 삶이 구분이 희미해져 가는 지금 어린이는 어떻게 주체성을 찾아나가야 할까. 저가는 미래에 목소리를 발려 이를 매일수록 디디욱 어린이의 주체적인 자유를 지켜줘야 한다고 말한다.

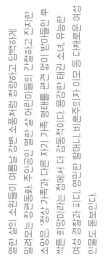

주미경 글, 정지윤 그림
문학과지성사 | 2019
한국 동화
88쪽, 152×212㎜
9,000원
ISBN 9788932035383

김다노 글, 이윤희 그림
사계절 | 2020
한국 동화
128쪽, 136×200㎜
12,000원
ISBN 9791160946734

최나미 글, 정문주 그림
사계절 | 2005·2012
한국 동화
184쪽, 146×223㎜
9,500원
ISBN 9788958286004

황지영 글, 인경미 그림
문학과지성사 | 2018
한국 동화
144쪽, 152×212㎜
10,000원
ISBN 9788932034713

나는 천재가 아니야

할머니와 나의 이어달리기

연동동의 비밀

고스트

열 살 올리버의 꿈은 축구선수이다. 하지만 부모님은 올리가 피아니스트로 이름난 오빠처럼 음악을 공부해서 뛰어난 바이올리니스트가 되기를 바란다. 갈등 끝에 찾은 자신의 꿈을 연주하는 길을 택하는 씩씩한 주인공의 모습이 당당하고 아름답다. 익숙한 길을 버리고 진짜 꿈을 꾸는 어린이 독자에게 용기를 준다.

로드리고 무뇨스 아비아 글, 나오미앙 그림, 김난숙 옮김 | 시공주니어 | 2013
스페인 동화
176쪽, 148×210㎜
10,000원
ISBN 9788952788757

동아가신 줄 알고 있던 할머니가 살아계셨다! 가족들은 왜 할머니의 죽음을 비밀에 부쳤던 것일까? 주인공 희지는 오랜 옛날 여자라는 이유로 자유를 억압당하다 집을 나간 할머니의 삶을 접하면서, 외면 끝날씨에 시달리고 혹은 남자아이에게 놀림받는 지금 자신이 삶과 어떤 공감을 느낀다.

이선주 글, 김소희 그림
우리학교 | 2021
한국동화
172쪽, 145×210㎜
12,000원
ISBN 9791190337670

동네에서 일어난 이런저런 사건들을 여성 어린이 주인공이 풀어나가는 추리 동화이자 가족이 비밀을 이해하는 과정이 담긴 이야기. 엄마 대신 할머니와 신기로 하고 연동동으로 이사 온 주영은 동네에서 끊임없이 벌어지는 수상한 사건들을 외면하지 않고 구름과 함께 씩씩하게 파헤쳐 나간다. 미용사 할머니, 휠체어 타는 단짝 친구, 옆이 휴가 중인 형사 등 전형성을 벗어난 개성 있는 주변 인물을 만나는 즐거움도 크다.

이현 글, 오승민 그림
창비 | 2020
한국동화
240쪽, 152×223㎜
10,800원
ISBN 9788936443108

자매가 겪는 뜻밖의 모험을 통해 생명과 이미와 죽음에 대해 다룬 사진 같은 그래픽노블이다. 투병 중인 동생 마야의 건강을 위해서 바닷가로 이사 온 주인공은 동네 사람들이 저마다 유령 이야기를 하는 것 알게 된다. 그들이 비밀을 탐색하면서 '삶은 무엇인가'라는 실존적인 물음에 이른다. 두려움과 맞서야머 소외된 이웃과 연대하는 이야기를 통해 희망은 희망을 통해 어디에서 오는지 알게 된다.

레이나 텔게마이어 글·그림, 한지인 옮김
보물창고 | 2017
미국 그래픽노블
256쪽, 140×210㎜
14,800원
ISBN 9788961706308

머시 수아레스, 기어를 바꾸다

우리 엄마일 리 없어

깨지기 쉬운 것들의 과학

주인공이 속한 3대가 함께 사는 쿠바계 이민자 가족은 서로 강등을 겪으면서도 나이순으로 권위를 내세우거나 서열함을 강조하지 않고, 낯선 곳에서 뿌리내리는 데 서로 든든한 버팀목이 되다. 한편 주목받고 싶고 중시이 되고 싶은 성장기 아이들의 서툰 욕망이 맞부딪치는 과정에서의 낯선 감정이 담긴 음이 섬세하게 표현되며, 이를 건강하게 극복하는 모습도 인상적이다.

메그 메디나 글 이원경 옮김 | 밝은미래 | 2019
미국 동화
432쪽, 140×197㎜
14,800원
ISBN 9788965463429

열네 살 스텔라는 엄마 때문에 골치다. 상점에서 큰 소리로 노래를 불러 구경거리가 되고, 주위에 노천탕을 만들어 이웃과 다투는 엄마는 너무나 제멋대로다. 스텔라는 엄마를 꼼꼼하게 변화시키려고 작전을 꾸민다. 바람 잘 날 없는 스텔라 가족의 좌충우돌 속에서 이 '특별한' 가족과 작가가 꾹꾹 숨겨놓은 비밀을 알아 읽는다면 감수성 예민한 독자로 인증!

군나슨 헬가손 글
신수진 옮김 | 우리학교
2019
아이슬란드 청소년 소설
312쪽, 140×205㎜
13,000원
ISBN 9791187050902

밝고 씩씩했던 과학자 엄마가 아픈 이후로 아무것도 안 하게 되었으며 아빠 안에만 틀어박혀 있다. 다 괜찮은 척을 거리며 아무 대책도 없어 보이는 이해할 수 없이 아빠, 어딘가부터 모든 것을 털어놓을 수 없는 사이가 된 단짝 친구까지. 관자에도 쉽지 않지만 부딪치고 깨지면서 가족을 되찾기 위해 노력하는 사춘기 아이의 마음이 섬세하게 그려져 있으며, 그 과정이 과학 탐구일지와 함께 구성된 것도 흥미롭다.

태 켈러 글 강나은 옮김
돌베개 | 2019
미국 청소년 소설
320쪽, 140×210㎜
14,000원
ISBN 9788897199769

가족으로부터

김다노(동화 작가)

꽤 오랫동안 가족은 내게 이상한 존재였다. 내가 선택하지 않았음에도 태어난 순간부터 함께했고, 가장 가까이에 있으면서도 이해할 수 없는 것투성이였으니까.

작년에 출간한 《비밀 소원》은 내게 '제1회 나다움어린이책 창작 공모전'에서 대상을 안겨준 작품이다. 책에는 사람들이 소위 '정상 가족'이라고 칭하는 모습과는 다른 가정의 아이들이 나온다. 몇몇 사람들은 공모전의 취지에 맞춰 이야기를 기획한 것이냐고 묻기도 했으나 그렇지 않다.

나는 글을 쓸 수 있게 됐을 때부터 쭉 가족 이야기를 써 왔다. 일기장에 쓰던 이야기는 점차 세상 밖으로 나왔다.

첫 시작은 열두 살 때였다. 글짓기 대회에서 '피아노 위에 놓인 가족사진이 가짜처럼 느껴졌다.'라는 산문을 써 작은 상을 받았다. 등단작 〈그런 하루〉는 아버지와만 사는 두 아이의 하루를 그린 이야기다. 그 뒤에도 혼자서 가족에 관한 글을 쓰고 버리기를 반복하다 선물처럼 써내려간 원고가 《비밀 소원》이었다.

어렸을 적 교과서에는 두 종류의 가족이 있었다. 조부모나 친척이 함께 사는 대가족, 결혼한 부부와 아이만 함께 사는 핵가족. 그걸 보면서 가족은 시간이나 감정을 공유하는 상대가 아니라 공간을 함께 점유하는 사람이구나, 생각했다.

《비밀 소원》으로 학교에 강연을 가게 돼서 몇십 년 만에 교과서를 찾아봤다. 여전히 교과서 속 가족은 대가족과 핵가족, 두 가지로 분류되어 있었다. 그나마 달라진 것이 있다면 '엄마도 아빠처럼 밖에서 일할 수 있어요.'라는 내용이 추가된 정도다.

교과서 밖 아이들이 살아가고 있는 현실은 어떨까. 이혼율은 높아지고 입양가족, 딩크족, 1인 가구, 반려동물 가족 등 다양한 가족의 모습이 존재한다. 얼마 전에는 방송인 사유리 씨가 비혼모로서 출산과 육아를 선언했다. 각자의 선택과 책임이 행복의 조건이 된 것이다.

다양성을 포용하지 못하는 사회는 개인의 정체성을 흔든다. 교실 안, 작은 책상 위, 눈앞에 펼쳐 둔 교과서에서 자신은 어느 쪽에도 속하지 못한다는 걸 깨달은 아이의 마음은 어떨까.

나다움어린이책 창작 공모전에서 수상한 후의 일이다. 누군가 수상자가 한 명뿐이라는 것을 안타까워하면서 "작가들부터 교육시켜야 한다."라는 말을 덧붙였다. 그 말을 한 사람은 그동안 어린이와 그들이 읽는 책에 별 관심이 없었을 것이다.

어린이책에 담긴 가족의 모습은 예전부터 서서히 변화하고 있었다.

김양미 작가가 쓰고 그린《풍선 세 개》(2011)는 부모님가 이혼한 세 자매 이야기다. 셋은 떨어져 살게 되면서 그동안 공유했던 물건도 나눠 가져야 한다. 작가는 아이가 이별을 받아들이고 적응하는 과정을《풍선 다섯 개》(2019)에 이어 그렸다.

최나미 작가의 《엄마의 마흔 번째 생일》(2012) 속 엄마는 집안일이 아닌 자신의 일을 시작하는 '반란'을 일으킨다. 엄마와 아빠는 별거를 선택하지만, 주인공은 엄마를 누군가의 '아내', '며느리', '엄마'가 아닌 한 사람으로 이해하게 된다.

백희나 작가 그림책 《이상한 엄마》(2016)의 주인공 '호호'는 엄마와 둘이 살고 있는 것처럼 보인다. 회사에 있는 엄마 대신 '이상한 엄마'가 아픈 호호를 돌봐준다. 사회와 이웃이 가족의 역할을 분담하는 모습이다.

어린이책에 그려진 가족의 다양성은 단순히 현시대의 유행이 아니다. 앞으로는 동화가 지녀야 할 기본 전제가 될 것이다. 동화의 독자는 어린이지만 창작자도 소비자도 어른이라는 특색 때문에 종종 눈속임처럼 만들어지기도 한다. 어린이를 위한 글을 쓰는 작가라면 그에 따른 책임감을 지녀야 한다.

《비밀 소원》을 세상에 내놓고 좋은 점 중 하나는 어린이들을 직접 만날 수 있다는 거다. 학교나 도서관에 초대를 받아 가면 아이들 중 한두 명은 "선생님, 저희 엄마 아빠도 따로 살아요." 속삭인다.

고학년 아이들은 질문 시간에 슬쩍 자신의 이야기를 던지기도 한다. "만약 이랑이처럼 부모님이 헤어질 것 같은 아이들에겐 무슨 얘기를 해주고 싶으세요?" 덤덤한 척 묻고는 긴장한 얼굴로 대답을 기다린다.

최선일지는 모르겠지만 내가 어릴 때 듣고 싶었던 말을 해준다. 어른들도 서툴고 모르는 것투성이라 가끔, 어쩌면 자주 싸울 수 있다고. 그건 아이들 잘못이 아니라고. 그래도 그 상황에 처한 아이는 무섭고 슬플 거라고. 그 시간 동안 자신을 미워하지 않으면 좋겠다고.

아이들과 헤어지고 나면 스스로에게 늘 같은 질문을 던진다. 내가 한 대답이, 내가 쓴 동화가 그들에게 조금이나마 힘이 되었을까. 이미 그 시간을 지나온 자의 교만은 아니었을까.

《비밀 소원》은 나 자신과 내 가족을 이해하려 했던 시간의 결과물이다. 가족에 대한 경험과 기억이 아름답기만 했다면 애초에 작가가 되지 않았을지도 모르겠다.

《비밀 소원》 출간을 준비하는 동안 특별한 경험을 했다. 내가 지어낸 인물인 미래와 이랑이, 현욱이가 실제 어딘가에 살아 있을 것만 같은 느낌을 받은 것이다. 내가 쓴 이야기는 더는 나만을 위한 것이 아니었다. 그제야 나는 오랫동안 머물렀던 한 시절과 이별할 수 있었다.

책이 나온 지 이제 1년이 조금 넘었다. 덕분에 좋은 사람들을 만나고 행복한 순간도 많았지만, 나다움어린이책 사업이 조기 종료되는 안타까운 순간을 지켜보기도 했다. 다행히 '다움북클럽'으로 돌아와 그 새로운 시작에 함께할 수 있어 기쁘고 감사한 마음이다.

사람은 누구나 가족으로부터 시작되어 사회로 나아간다. 그들이 닿을 곳까지 이어지는 길을 우리 어른들이 열어줬으면 좋겠다. 좋은 어른들이, 좋은 어른들을 맞이할 그곳까지.

사회적 약자

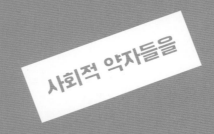

사회적 약자들을

"저는 수화 수업이 너무 싫어요. 모두가 저한테 수화를 해요.
제가 수화를 아는 것처럼 말이에요. 내가 못 듣는다는 이유만으로요!
난 사람들이 나를 쳐다보는 게 싫어요.
'저 귀머거리 아이를 봐! 저 애는 특별해!' 하는 게 싫어요."

— 《엘 데포》(시시 벨) 중에서

점이 아니라

당사자의 관점에서

주체적이고

긍정적으로

다루는가?

5

Q12 사회적 약자의 자기 발견과 성장을
편견 없이 보여주나요?

사회적 약자란 성별, 나이, 계층, 인종, 건강, 출신 지역, 가족 구조 등을 이유로 제대로 존중받지 못하거나 차별당하는 사람들을 말합니다. 어린이는 나이가 어리다는 이유로 종종 사회적 약자가 되지요. 사회적 약자라는 제한을 이겨내고 씩씩하게 성장하는 인물들을 소개합니다.

Q13 사회적 약자는 보조적인 인물로만
등장하지는 않나요?

나와 닮은 사람이 주인공으로 등장하는 이야기를 읽으면 힘이 납니다. 사회적 약자가 보조적인 인물이 아니라 주인공으로 등장하여 문제를 해결하는 책이 꼭 필요한 이유지요. 어려움에 처한 어린이가 이야기의 중심에 등장하여 성장해나가는 이야기들을 소개합니다.

Q14 다양한 계층과 문화권의 여성을
현실적으로 보여주나요?

서로 다른 계층, 혹은 문화에서 사는 여성 인물을 그릴 때, 고정관념에 따라 판에 박은 모습으로 표현하는 경우가 있습니다. 그러나 모든 인물은 각각 서로 다르면서도 한편으로 서로 비슷한 점도 있습니다. 개성 넘치는 여성 인물의 현실을 있는 그대로 드러내는 어린이책을 소개합니다.

나의 독산동

유은실 글 오승민 그림
문학과지성사 | 2019
한국 그림책
48쪽, 297×254㎜
15,000원
ISBN 9788932035451

은이는 공장 밀집 지역인 자신이 동네가 "시간마다 살기가 나빠진다"는 사회과 시험 점수에 대해 반문한다. 동네를 구성하게 소개하는 이 그림책은 우리 주변에서 흔히 지나치지만 눈여겨봐야 할 것들을 들여다보게 한다. 어른들이 구로 짓기와 편견에 대한 어린이의 당당한 문제 제기가 돋보인다.

산딸기 크림봉봉

에멀리 제킨스 글
소피 블래컬 그림
김서정 옮김 | 씨드북
2016 | 미국 그림책
48쪽, 292×241㎜
13,000원
ISBN 9791185751917

100여 년의 시간차를 두고 '산딸기 크림봉봉'을 식탁에 디저트로 올렸던 서로 다른 자손의 가족이 등장한다. 대를 넘어선 시대마다 엄마가 노동하고 가족이 먹던 시대까지, 먹거리 노동에 담긴 불평등이 역사가 고스란히 드러난다. 이백여 년의 인테리어 레시피를 보고 요리해서 다양한 피부색이 손맛을 대물림하는 마지막 장면이 훈훈하다.

나의 친구
아그네스 할머니

줄리 폴락 글·그림
황유진 옮김 | 북뱅구
2021 | 캐나다 그림책
49쪽, 248×248㎜
15,000원
ISBN 9788966351152

성장하는 어린이와 생의 마지막 순간에 다가가는 노인이 대등한 관계에서 나누는 우정과 교감, 낯선 동네로 이사 온 카테리나는 이웃 아그네스 할머니가 보여 주는 작품들과 조근조근 들려주는 그림이 계절 이야기를 통해 아름다움을 표현하고 싶다는 욕구를 가지게 된다. 어린이의 생활을 기특하고 대견하다던지 여기기보다 대등한 예술가로서 존중하는 시선이 반듯하게 다가온다.

행복을 나르는
버스

맷 데 라 페냐 글
크리스티안 로빈슨 그림
김경미 옮김 | 비룡소
2016 | 미국 그림책
40쪽, 224×275㎜
13,000원
ISBN 9788949112657

교회를 마치고 어딘가로 향하던 할머니와 시제이가 버스 안에서 다양한 이웃을 마주한다. 시제이가 지닌 소소한 불평을 나누며 행복을 나누며 달려가는 버스 시제이와 할머니는 목적지인 무료 급식소에 도착하여 이웃과 음식을 나눈다. 가난에 마음 끌기보다 사람다가 지닌 것을 나누며 연대하는 모습이 아름답게 펼쳐진다. 남루한 승합 풍경에서도 아름다움을 발견하던 더불어 사는 행복을 느끼는 할머니와 시제이의 삶이 태도가 감동적이다.

사라, 버스를 타다

그레이스는 놀라워!

도망치는 아이

쿵쿵이는 몰랐던 이상한 편견 이야기

미국 흑인 인권 운동이 시발점이 된 로자 파크스의 실화를 어린이 주인공의 이야기로 바꾸었다. 1955년 흑인 여성 로자 파크스는 백인에게만 허용된 버스 앞쪽 자리에 앉아서 일어나길 거부하다 체포됐다. 이 사건으로 '버스 승차 거부 운동이 일어났으고 그 뒤 마틴 루서 킹 목사의 비폭력 운동이 시작됐다.

연기하며 노는 걸 좋아하는 그레이스는 '피터 팬' 공연에서 피터 팬 역할을 하고 싶다. 흑인 여자아이는 피터 팬이 될 수 없다는 편견에 맞서 연기 심사를 통해 피터 팬으로 당당히 뽑히는 그레이스. 연기를 잘하면 성공적으로 끝낸다. '넌 네가 원하는 건 뭐든지 될 수 있어.'라는 할머니의 말은 책이 주제를 드러낸다. 피부색이나 성별 때문에 차별이 일어나서는 안 되는 것이다.

아이가 시선을 통해 본 작가의 자화상이 마음을 울린다. 인지지대를 향해 떠나는 여자아이는 불안과 공포, 난민이 된 아픔 누군가의 손에 이끌려 도망친다. 이 책은 그림을 보다가 누군가의 손에 이끌려 도망친다. 지금도 어딘가에서 낯어지고 있을 이야기이다. 이 그림을 가까이에서 아이는 안녕함을 느끼고 희망을 품는다. 모든 아동이 살 수 있는 곳이 안전지대가 되기를 바란다.

새의 경우 끼면 세상을 온통 새장으로 구별하는 쿵쿵이의 친구 마린가 이상한 새장공을 쓰고 학교에 나타난 날 마린도 쿵쿵이가 만든 이상해진다. 남을 제멋대로 판단하는 편견 인공이라는 통로된 색칠을 통해 인종, 피부, 장애 등을 관련된 여러 편견과 차별을 친구처럼 설명한다.

윌리엄 밀러 글
존 워드 그림, 박찬석 옮김
사계절 | 2004
미국 인물 이야기
30쪽, 224×280㎜
10,800원
ISBN 9788958280378

메리 호프만 글
캐롤라인 빈치 그림
최순희 옮김
시공주니어 | 2005
미국 그림책
24쪽, 223×278㎜
10,500원
ISBN 9788952784407

김 판 헤스트 글
이룬 데이크스트라 그림
김경희 옮김 | 김벗어린이
2020 | 네덜란드 그림책
36쪽, 210×290㎜
13,000원
ISBN 9788955825466

허은실 글, 조원희 그림
풀빛 | 2018 | 한국 그림책
48쪽, 233×295㎜
12,000원
ISBN 9791161720890

물이 되는 꿈

바람을 가르다

엘 데포

수상한 아이가 전학 왔다!

오랫동안 사랑받아온 루시드 폴이 노래에, 실험적인 그림책 작업을 누군가 선공적으로 보여준 이수지 작가가 그림을 그렸다. 길게 펼쳐지는 아코디언 제본 그림이 흐르는 강물인 듯 빗방울 하나가 바다로 흘러가는 긴 시간이 듯 좋았더니 저물녘처럼 수영하며 물속 떠 있던 아이가 분수처럼 숲이었으로 그래서처럼 유영하며 나비처럼 날아오르는 몸짓이, 해방감과 환희로 가득한 예술 체험을 선사한다.

루시드 폴 글, 이수지 그림
걸어림이이 | 2020
한국 그림책
64쪽, 180×260mm
17,000원
ISBN 9791158711313

집에 어린이와 그 가족이 느끼는 현실 속 차별의 벽을 생생하고 전율하게 들여다본 단편 동화집. 특히 두 번째 작품 '전동 연계는 그대요?'에서는 자폐증이 있는 오래된 어린 보호자 역할을 맡으며 동물이 책임을 떠는 여동생이 고민을 그려, 장애인 차별이 성차별 당사자 시선에서 작음 이야기이다. 작가는 특수학교 편지 교사로 차별이 언어로 장애 어린이를 재단상화하지 않으며 재온하는 방법을 섬세하고 신중하게 보여준다.

김해원 글, 신슬기 그림
샘터 | 2017
한국 동화
104쪽, 150×210mm
10,000원
ISBN 9788946419292

뇌수막염을 앓으고 나서 청력장애를 잃게 된 작가 시시 벨의 자전적 그래픽노블. 시시는 어느 날 블레지런에서 자신과 같은 사람들을 '데포라고 부르는 것을 알게 되면서 이상한 고립감을 느낀다. 그리고 너듬이 '데포라고 부른다면 자신으 엘 데포(한 사람이 특별한 데포)가 되겠다던 하면서 씩씩하게 풀어가는 여성 장애인 어린이의 성장을 다룬 감동적인 작품이다.

시시 벨 글, 그림
고정아 옮김 | 밝은미래
2016 | 미국 그래픽노블
288쪽, 157×237mm
16,000원
ISBN 9788966463795

인종차별과 성차별에 맞서는 작품을 써온 남아프리카 공화국 작가 제니 롭슨이 들려주는 반항모를 쓰고 나타난 의문의 전학생이 있다. 비밀에 쌓인 전학생의 축구 경기에서 최고의 공자로 하고 폭력이 해결사로 활약하면서 날마다 아이들과 친해진다. 성을 고정관념을 무너뜨리며 울타리 없는 어린이들의 우정을 지지하는 작품이다.

제니 롭슨 글
최란희 그림, 김혜진 옮김
뜨인돌어린이 | 2017
남아공 동화
106쪽, 185×240mm
9,500원
ISBN 9788958076230

어느 날 장벽이 무너진다면

독일이 통일되기 직전인 1989년, 동독에 살던 여자 어린이 프란치의 눈으로 바라본 장벽이 무너지던 시기의 풍경을 담았다. 할머니와 엄마, 프란치가 함께 마음 속에서도 사랑을 꿈지하는 등 당시 여성들이 주축이었던 촛불 집회를 보여준다. 백herbst 인양으로 사장되는 자본주의에 대한 프란치의 기대감도 도론에 붙인 주제이다. 통일 이후 30년이 지난 지금, 프란치의 꿈은 어떻게 변화했을지 비판적으로 다루어보면 좋겠다.

한나 쇼트 글
게롤다 라이트 그림,
야영미 옮김
빈인틀어린이 | 2020
독일 동화
104쪽, 167×215㎜
12,000원
ISBN 9788958077480

나의 목소리가 들려

파키스탄계 이민자 아미나와 한국계 이민자 수진이 좋심이 되어 이민자에 대한 차별과 혐오에 맞서는 이야기. 이주 배경을 지닌 어린이의 삶과 현실에 현실에 대해 좀 더 깊이 이해할 수 있는 작품이다. 주류 미국 사회(에서도, 자신의 뿌리인 민족 집단에서도 제대로 존중받지 못하고 옴츠러드는 이주 어린이의 고민이 실감나게 표현되며, 자신만의 목소리를 찾아가는 과정이 감동적으로 담겨 있다.

제나 칸 글, 강나은 옮김
씨드북 | 2019
미국 동화
180쪽, 150×210㎜
12,000원
ISBN 9791160512878

내 인생 첫 캠프

낯선 아이들과 함께하는 캠프에 기본 소심한 아이라면 누구나 공감할 법한 이야기. 러시아계 이민자의 캐릭터는 공속에 미국 아이들과 어울리지 못해 힘들어하다가, 러시아계 아이들만 가는 캠프에 드 기대를 갖고 참가한다. 하지만 무리에 끼고 싶은 욕망을 얘기서도 참새이 무너진다. 단계 맺기의 어려움 그리고 나이 이어 인종을 넘어서 연대하는 여섯 어린이의 모습이 담긴 유쾌한 그래픽노블이다.

베라 브로스골 글·그림
강경지 옮김 | 사웅주니어
2019 | 미국 그래픽노블
260쪽, 140×205㎜
14,000원
ISBN 9788852741844

내 조각 이어 붙이기

제이드는 엄마의 권유로 포틀랜드의 사립학교에 장학생으로 진학한다. 가게에서 일하고 자주 가는 흑인 동네에서 학교에서 연결해 준 백인 멘토링 만으로 활동을 통해 사회의 여러 단면과 맞닥뜨리게 된다. 인종차별, 성차별을 넘어 각자 한 현실들을 통조사이에 재료을 시각으로 넓혀 이야기를 펼쳐진 이야기가 흥겨롭다. 건강 경험을 통한 세상이 작동되어 이해하는 문학의 기능을 충실히 수행하는 책이다.

르네 왓슨 글, 강나은 옮김
씨드북 | 2019
미국 동화
288쪽, 150×210㎜
12,000원
ISBN 9791160512403

초콜릿어 할 줄 알아?

곰의 부탁

산책을 듣는 시간

나도 권리가 있어!

영국 소녀 재즈와 시리아 난민 소녀 나디마는 서로의 언어인 영어와 쿠르드어는 모르지만 초콜릿과 타르 사탕 등으로 나눠 먹고 택스트 대신 이모티콘을 주고받으며 친구가 된다. 나디마 가족을 도와주고 싶은 재즈의 나디마의 자존심에 상처를 내기도 하지만, 나디마인 전쟁에 대한 트라우마를 재즈가 깨달으면서 서로 깊이 이해하게 되는 과정을 그렸다.

누구나 인견하게 사람을 할 권리가 있음을 이야기하는 '12시 15분 전', 사고와 재해에 무방비로 노출된 배달 노동자 청소년의 이야기를 그린 '월예', 학교 연극 준비하다가 난자 친구 곰과 양의 사랑을 알게 되고 고민 끝에 그들을 지지하고 응원하는 주인공의 이야기를 다룬 '곰의 부탁' 등 청소년의 생활 환경에 밀착되어 있는 주제를 경등하다 다양한 시선에서 다룬 글도 높은 청소년소설이다.

세상에 소리가 없어도 자기만의 방식으로 음악을 즐기는 농인 수지는 종학교에서 새로 만난 시각 장애인 한민이 안내견 마를루와 함께 산책하며 서로 온벽하게 소통하는 기쁨을 누린다. 장애에 대한 편견을 설제하고 문학적인 방식으로 무너뜨린다고 꼼꼼의 방식을 제안하는 청소년소설이다.

어린이들이 생활 속에서 인권이 개념을 인식하고 구체적으로 표현할 수 있도록 사례를 들어 쉽게 마련로 그린 내 인권 안내서. 차이와 차별, 표현의 자유, 사생활 보호, 놀이야 노동, 건강, 교육, 안전, 폭력과 학대에 관한 내용을 수록하고 있다.

캐스 레스타 글
잔레긴 옮김 | 봄볕 | 2019
영국 동화
296쪽, 148×210㎜
14,000원
ISBN 9791186979969

진형민 글
문학동네
2020
한국 청소년 소설
192쪽, 140×205㎜
11,500원
ISBN 9788954673365

정은 글
사계절 | 2018
한국 청소년 소설
180쪽, 152×223㎜
11,000원
ISBN 9791160943870

인권교육센터 '들' 글
양주연 그림 | 책읽는곰
2011 | 한국 어린이 교양
151쪽, 188×257㎜
12,000원
ISBN 9788993242539

우리가 바꿀 수 있어!

인권교육센터 '들'이 어린이 인권교육서 둘째 권으로, 개인 차원의 인권을 넘어서 건강하게 함께 공존하는 데 꼭 필요한 사회권 가치로서의 인권 사례를 만화로 그렸다. 참여, 민주주의, 환경, 사회 복지, 평화, 평등, 장애인에 관한 항목들이 수록되어 있다.

인권교육센터 들 글
윤해주 그림 | 책읽는곰
2012 | 한국 어린이 교양
135쪽, 188×257㎜
12,000원
ISBN 9788993242591

빨간 모자야, 어린이 인권을 알려줘

빨간 모자 이야기와 함께 누구도 어린이를 해치거나 함부로 대하지 않는 겨울, 성냥팔이 소녀 이야기와 함께 어린이가 좋은 대접을 받고 편안한 환경에서 살 권리가 있음을 이야기하며, 헨젤과 그레텔에게 죽음을 피할는 마녀가 잘못되었음을 지적하는 등 어린이가 침해당하기 쉬운 인권을 옛이야기와 함께 친근하게 설명하는 독특한 형식의 인권 이야기.

요안나 올레흐 글
에드가른 봉크 그림
이지원 옮김 | 풀빛 | 2019
폴란드 어린이 교양
88쪽, 173×215㎜
13,000원
ISBN 9791161721637

차별 없는 세상을 위한 평등 수업

남녀 차별의 역사를 훑어보며 뿌리 깊은 성 고정관념과 성 불평등에 대해 알아보고, 이에 대응할 여성의 사회 활동과 참정권을 얻기 위해 어떤 싸움을 해오는지 살펴본다. 그 밖에도 인종 차별이나 난민 문제, 빈부 격차를 비롯해 우리 사회와 전 세계가 불평등에 관해 주목조목 알아보고, 불평등에 맞서 싸운 다양한 인물도 소개한다.

소피 뒤소수아 글
지크 이샴 그림
린지건 옮김 | 다림 | 2019
프랑스 어린이 교양
128쪽, 181×241㎜
10,000원
ISBN 9788961772051

우리는 난민입니다

말랄라 유사프자이와 또 다른 아홉 명의 여성 청소년 난민들이 목숨을 걸고 탈출해온 과정과 새 삶을 시작하는 과정을 담아온 산세하게 서술했다. 난민이란, 탈출에 성공한 사람들이 아니라 인간이 낯선 곳에서 불확실한 새 삶을 개척해야 하는 사람들이고 더 나은 미래를 위해 최선을 다해 나아가고 있는 하나하나의 존엄한 존재임을 말해준다.

말랄라 유사프자이 · 리즈 웰치 글, 박찬원 옮김
문학동네 | 2020
미국 청소년 에세이
208쪽, 140×205㎜
13,500원
ISBN 9788954674539

그냥, 사람

오랫동안 노들장애인야학에서 일한 활동가이자 차별받는 사람이
저항하는 이야기를 기록하는 작가. 홍은전의 산문집. 우리 사회에서
가장 힘없는 사람들이 고통과 저항을 직면하며 담담하게 기록한
글이 통인력이 통렬하다. 삶에서 우러나온 진실한 글이 위대함이 새삼
느껴진다.

홍은전 글
봄날의책 | 2020
한국 에세이
264쪽, 125×215㎜
13,000원
ISBN 9791186372791

옷장 채우기

서효인(시인)

처음에는 좋은 아빠의 로망이나 의지 같은 것으로 생각했다. 두 아이를 무릎에 앉히고 그림책을 넘기며 부드러운 목소리로 글을 읽어주는 아빠의 모습을 상상했던 것이다. 동화책을 함께 읽고 독서 일기를 같이 쓰며 아이와 격조 높은 우정을 쌓아가는 시간을 꿈꿨는지도 모르겠다. 하지만 아이를 키우는 일은 무지와 배신으로 점철된 시간인 바, 본래 상상하고 꿈꿔왔던 것들은 휘발되어 온데간데없고 남은 것은 쓸데없이 구체적인 어려움과 한정 없이 추상적인 사랑뿐이다. 그림책이니 동화책이니 하는 로망 또한 천만의 말씀이었고 과도한 희망이었음은 물론이다.

하지만 아이들은 어떨까. 태어날 때부터 '내가 세상에 나가면 아빠와 둘이 앉아 그림책을 읽겠다.' '한글을 익히게 되면 부모와 같은 책을 읽고 독서 토론을 해야지.' 같은 생각을 하는 사람은 없고 그건 우리 아이들도 마찬가지다. 태어나 보니 엄마와 아빠가 있고 그들이 쓰는 모국어가 있을 뿐이다. 마찬가지로 의지와 관계없이 타고난 성별이나 성적 지향이나 장애가 있었을 수도 있다. 로망과 의지는 알몸으로 태어나 건진 옷 한 벌이 아닐까. 다행히도 사람은 몸은 바꾸기 힘들어도 옷은 쉽게 갈아입을 수 있다. 세상에 나쁜 몸은 없다. 어울리지 않거나 불량한 옷이 있을 뿐. 나는 손에 들고 있는 은근히 자기중심적인 딸 바보 아빠의 옷을 벗기로 했다. 자세를 단정히 하고, 어울리는 옷을 찾아 입어야지.

무슨 색 옷을 입을지, 어떤 옷을 마음의 수납장에 개켜 놓아야 할지, 아이들과 읽으려 샀던 책에서 여러 힌트를 얻을 수 있었다. 같이 읽으며 따로 다시 읽으며 손끝으로 밑줄 긋고 마음속에 저장하길 여러 차례였다. 지금 부모로서 나다움이 그나마 나다워서 다행이라면, 아이들을 위한 좋은 책들의 덕이 클 것이다. 다운증후군을 갖고 태어나 말을 떼는 데 다소 어려움을 겪고 있는 첫째를 대할 때 《나는 강물처럼 말해요》의 장면들을 떠올린다. 하얀 도화지에 그림을 그리다 문득 실패가 두려워 새로운 그림을 그리기 주저하는 아이와 대화하는 데 《선》이 도움을 주었다. 어느 날, 딸아이 둘만 남겨질 시간이 두려워지면 《둘이라서 좋아》를 다시 읽고 믿음과 용기를 얻는다.

그렇게 갖게 된 옷은 아마도 차별과 편견을 탈탈 털어낸 옷일 테다. 좋은 책을 읽으면 읽을수록 타인에게 열린 옷 한 벌을 얻고, 자신을 지킬 옷 두 벌을 걸고, 그리하여 세상을 나다운 모습으로 살아가게 할 옷장을 꾸미게 되는 셈이다. 그런데 모든 옷이 옷장에 오래 걸려야 하는 게 아니듯 모든 콘텐츠가 책장에 꽂혀야 할 일도 아니다. 이름으로 편견을 강화하고 기존의 성 역할을 강요하고 소수자를 배제하는 내용을 담은 콘텐츠가 예로부터 지금까지 책과 영상물로 꾸준히 만들어지고 있다. 책보다 더 즉각적인 시선을 끄는 영상물에서는 등장 캐릭터 숫자에 있어 남성이 여성보다 압도적으로 많다. 외모를 평가하거나 성별에 따라 고정된 시선을 무분별하게 강조한다. 여기에 인종적 다양성과 장애인에 대한 열린 시선을 기대하기란 어려운 일이다.

　아동 학습물이나 출간일이 꽤 지난 전집류에서 위와 같은 불량 상태가 잦은 편이다. 어른의 그것과 마찬가지로 어린이책 또한 그 숫자를 가늠할 수 없을 만치 쏟아지니, 부모나 아이가 책들을 넓게 살펴 잘 골라내기가 쉽지 않다. 둘째는 며칠 전 오랜만에 간 서점 나들이에서 '엉덩이 탐정'을 사줄 것을 강력하게 요구했다. 첫째는 여태 동요의 한 부분이 반복해서 흐르는 사운드북에 관심이 훨씬 더 많다. 어떻게 책을 골라야 하는가? 책의 안감과 재질과 소재를 우리가 다 파악할 수 없을 때, '나다움어린이책 목록'은 확실히 도움이 되었다. 이 도움이 사라진 야만적 과정을 되돌아보면 안타까운 마음을 숨길 수 없다. 그러나 좋은 책은 조금 느린 형태로 더욱 강하게 뿌리내릴 것이다. 책의 힘은 단단한 방식으로 어제와 다른 오늘을 만들 것이라 믿는다.

　아이들이 지금보다 더 본능적인 보살핌을 필요로 했을 때, 내 걱정은 사서 하는 걱정이었다. '둘째에게 첫째의 장애를 어떻게 설명해야 할까?' 하는 것이었으니, 어디서 파는 것도 아닌 걸 혼자 사서 이리저리 불안한 궁리에 애쓴 셈이다. 둘째는 태어나면서부터 둘째였고, 그러고자 했던 게 아닌데 그렇게 태어났다. 그건 첫째도 마찬가지다. 마찬가지의 운명 둘이서 서로의 존재를 자연스럽게 파악한 게 아닐까? 그래서 다운증후군 언니가 있는 게, 그것 역시 나다움에 속한다는 걸 스며들 듯 깨달은 게 아닐까? 둘째는 첫째의 장애를 자연스레 여긴다. 같은 반 친구들과 언니는 다르다. 다른 반 친구의 엄마 아빠 또한 나의 엄마 아빠와는 다를 것이다. 그것이 나니까. 그걸 받아들여야 나답게 살 수 있으니까.

여기에도 좋은 어린이책의 조력과 보호가 있었다. 우리나라 거리에서는 쉬이 발견할 수 없었던 휠체어와 지체장애와 다운증후군과 여러 선천적 혹은 후천적 장애가 책에는 있다. 좋은 책에는 있다. 그들도 세상의 일원임을 힘주어 말하지 않아도, 그저 거기에 등장하는 것만으로도 우리는 알 수 있다. 장애의 당사자가 내 딸일 수도 있고, 내 언니일 수도 있다는 것을. 그건 이상한 일이 아니다. 내 주변에 소수자는 숫자가 적을 뿐, 없는 게 아니다. 그들도 '나'를 지키며 산다. 그들을 둘러싼 세상의 구성원들도 '나'를 이루며 산다. 타고난 나에게 배움의 옷을 입히면서. 차별과 혐오의 누더기를 입을 것인가? 나는 그러기 싫다. 그건 나다운 게 아니다.

표현

어린이책에서 매우

좋아한 여성의 이미지가

편견과 고정관념들을 넘어

"정해진 색을 벗어나고 골라 준 색을 버리면서 우리는 계속 자랄 거예요.
누구도 우리에게 색을 정해 줄 수는 없지요."

—《안녕, 나의 핑크 블루》(윤정미, 소이언) 중에서

성평등한 이미지로 　　　　　　　구현되어 있는가?

6

Q15 표정, 자세, 차림새 등의 그림이
성별 고정관념에 따라 표현되지는 않나요?

어린이책에서 그림의 역할은 매우 중요합니다. 아이들은 그림을 더 꼼꼼히 보기 때문에 독자의 나이가 어릴수록 그림의 중요성은 더 크지요. 그림에서 드러나는 인물의 표정, 자세, 차림새가 성별 고정관념을 담지 않았는지 꼼꼼히 따져보아야 할 이유가 여기에 있습니다.

Q16 비인간 등장인물이 성별 고정관념에 따라
의인화되지는 않나요?

어린이책의 주인공으로 동물이나 자연이 등장할 때가 많습니다. 이때에도 성별 고정관념과 편견에 따라 동물과 자연을 묘사하게 되면 어린이 독자들에게 잘못된 인식을 심게 됩니다. 편견에서 벗어나 동물과 자연을 자유롭게 의인화하는 데 성공한 어린이책을 소개합니다.

Q17 배경 그림에서 인물과 상황의 묘사가
성별 편견 없이 다양한가요?

어린이책을 볼 때는 배경 그림 또한 세심하게 살펴주세요. 배경이 되는 공간이 여성 혹은 남성적 특징으로 구분되거나, 배경 인물이 성별 고정관념에 따라 그려져서 독자들에게 편견을 갖게 할 수 있으니까요. 배경 그림까지 세심하게 다양성을 담아낸 그림책들을 소개합니다.

당신은 빛나고 있어요

당근 유치원

우리 아기 좀 보세요

안나야, 어딨니?

누구나 다양이 소중한 존재임을 12개의 둥근 창에 담긴 빛깔로 보여주는 아트북. 투명한 칼라의 색상환과 더불어 어둠, 땅, 바닷물, 샛노랑, 얼음, 나뭇잎, 꽃향을, 당신이라는 연결되어 빛나고 있음을 아름다운 시적 언어로 노래한다. 어둠을 통해 책을 들고 작은 창 너머로 펼침이 쌓이는 다채로운 빛의 마음 인으로 스며든다.

늘 화난 듯 삐죽삐죽하게 생긴 빨간 토끼는 엄마도 목소리도 너무 큰 곰 선생님이 부드럽고 유치원도 가기 싫다. 하지만 빨간 토끼는 자기 마음을 알아주는 다정한 곰 선생님에게 금세 빠져든다. 아이들 눈에 비친 어른의 모습처럼 엄마처럼 커다랗지만 사람과 체험으로 젖향화하지 않은 서씨니를 캐릭터 표현이나 서야을 고져너넘에서 벗어나 경쾌하고 의사 묘사가 돋보인다.

아기가 아침에 일어나 저녁에 잠들 때까지 하루의 모습을 보여준다. 아기는 엄마 아빠와 함께 도서관 사람들 거리의 사람들과 더불어 하루를 지낸다. 아기의 성장에는 가족 모두가 함께하며, 나아가 아기를 둘러싼 동네 사람들 도서관을 비롯한 기관들이 연관되어 있음을 차분하고 정감 있는 그림을 통하여 보여준다.

엄마가 시장에서 한눈파는 사이 감자기 사라진 아나를 찾는다. 주변 사람들은 도움을 주기 위해 안나의 특징에 대해 묻지만, 엄마에게 안나는 이 세상에 하나뿐인 특별한 존재이기에 한마디로 설명하기 어렵다. 우리 모두는 하나로 설명할 수 없는 나만의 특별함이 있다는 것을 말하는 듯하다.

에런 베커 글·그림
루시드 홀 옮김
윌리엄나무 2019
미국 그림책
18쪽, 216×216mm
19,000원
ISBN 9788901230641

안녕달 글·그림 | 창비
2020 | 한국 그림책
48쪽, 257×285mm
13,000원
ISBN 9788936455484

폴리 카레브스키 글
유태은 그림 | 김지인 옮김
책빛 | 2016 | 미국 그림책
40쪽, 228×279mm
12,000원
ISBN 9788936446918

수산나 마틴얀첼리 글
키아라 카레로 그림
이현정 옮김 | 국민서관
2018 | 이탈리아 그림책
40쪽, 230×300mm
12,000원
ISBN 9788911126354

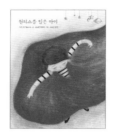

핑크 토요일

원피스를 입은 아이

뜨개질하는 소년

장수탕 선녀님

서점이나 여행의 경계를 뛰어넘어 색을 사랑하는 즐거움을 보여주는 그림책. 이해 수 있는 고양이 꼬리, 당당한 우아, 개미들까지 온 세상이 핑크색일 때 느껴지는 낯설고 신선한 느낌이 재미있다. 핑크는 여자다움과 관계있다는 통념을 가볍게 무너뜨린다.

김해진 글·그림
웅진주니어 | 2019
한국 그림책
44쪽, 205×205mm
12,000원
ISBN 9788901228815

머리스는 주황색 원피스를 좋아한다. 몽글한 촉감이, 이글거리는 태양, 다양한 엄마의 머리색이 떠오르기 때문이다. 하지만 아이들은 원피스를 입은 머리스에게 서한 말을 하고 함께 놀지 않으려고 한다. 좋아하는 옷으로 자신을 표현한다는 것이 이렇게 비난받을 일인 걸까? 편견에 시간없이 담담하게 자기 세계를 만들어가는 머리스들이 행복을 응원하게 되는 책.

크리스틴 발다키노 글
이자벨 말랑팡트 그림
신수진 옮김 | 키다리
2016 | 캐나다 그림책
40쪽, 200×260mm
12,000원
ISBN 9791157852864

섬세한 소년인 라데크 뜨개질을 배우며 웃음 만드는 일에 폭 빠진다. 아름다운 옷이 손 안에서 완성되는 기쁨과 동시에 그에게 온 시련은 남자아이가 왜?라는 시선들이다. 남자라면에 대한 구태의연한 질문도 성립되고 모든 성별이 행복해지는 '나다움이 잘문을 다시 해보록 격려하는 그림책.

크레이크 포맨즈 글
마거릿 체임벌린 그림
컨머나 울림 | 책과콩나무
2015 | 영국 그림책
40쪽, 225×260mm
11,000원
ISBN 9791186490082

서늘하고 나무끝이 그 선녀가 푸슥푸슥글은 할머니가 된 채 동네 목욕탕에 산다. 엄마와 목욕하러 온 아이(하고 할머니 사이의 신나는 놀이. 야듬도 믿는 새삼한 표정의 몸짓이 이름들이 놀랍도록 역동적인 자연물을 만들어낸다. 유능 장녀, 너그를 가리지 않고 여자들의 벗은 몸을 생기가 원초적으로 그래내는 작가의 맛스도 놀랍다.

백희나 글·그림 | 책읽는곰
2012 | 한국 그림책
44쪽, 205×280mm
11,000원
ISBN 9788993242706

문어 목욕탕

작은 민지는 엄마랑 목욕탕에 다니는데, 아빠하고만 사는 주인공 아이는 간 수가 없다. 마음껏 물장난을 내어 혼자 목욕탕에 도전하는데, 공짜로 빗 낯선 이물탕에 머음을 담근 아이는 문어랑 물고기들이랑 신나는 목욕을 즐긴다. 상상을 통해 겁많을 씩씩하게 이겨내는 아이의 모습이 사랑스럽다.

최민지 글·그림 | 노란상상
2018 한국 그림책
52쪽, 215×265㎜
13,000원
ISBN 9791188867127

마법의 방방

믿는 자에게는 새로운 세계가 열립니다. 모두가 이심만 품고 돌아선 마법의 방방을 믿고 뛰어버는 어린이에게 진짜 놀이 세계가 펼쳐진다. 시원한 에너지로 우주까지 높이 날아오르는 신나는 방방 머음이 세계. 마법의 방방을 타볼 다음 타자는 좋을 서시오.

최민지 글·그림
미디어창비 | 2020
한국 그림책
48쪽, 220×270㎜
13,000원
ISBN 9791189280932

숨이 차오를 때까지

오래달리기를 하는 여자아이 다섯 명이 있다. 모두 열심히 달리지만 다른 선수와 견쟁하거나 기록을 갱신하기보다 나만의 속도로 끝까지 달리는 것이 목표다. 하루하루가 함겨워도 남보다 뒤처져도 자기만의 삶을 꾸준히 살아가야 하는 것처럼 말이다. 오로지 트랙을 도는 데 집중하는 다양한 체형의 몸을 곱고 다부진 선으로 묘사한 그림이 강렬한 인사을 남긴다.

진보라 글·그림
웅진주니어 | 2021
한국 그림책
48쪽, 260×204㎜
13,000원
ISBN 9788901249704

뻥! 나도 축구왕

공을 가지고 놀고 싶어하게 차고 삼면체 선수를 따돌리고, 우리 팀에게 정확히 패스하려고 마침내 골을 넣는 재미! 디 넓은 그라운드에서 숨더리며 호흡을 맞추고 자신감과 근기와 도전 정신도 기를 수 있는 축구의 즐거움을 선물 꾸준 없이 뒤섞여 뛰는 아이들 모습으로 표현하였다. 주인공인 곳수수 아나처럼 팀 스포츠의 짜릿함을 경험하는 여자아이들이 더 많아지기를.

허아선 글·그림 | 비룡소
2021 한국 그림책
56쪽, 182×270㎜
13,000원
ISBN 9788949102535

헷갈리는 미로 나라

멋진 공룡이 될 거야!

(출간 예정)

밥·춤

노를 든 신부

얽히고설킨 미로 나라에서 새 왕을 뽑는다. 조건은 바로 길을 가장 잘 찾는 사람! 왕이 되기 위해 모험을 떠난 그림체나 공주, 만들레씨스 공주, 지렁이수 왕자는 복잡한 미로를 헤매다 자신만의 길을 찾게 된다. 왕들과 신민같이 역동적으로 움직이며 자기 길을 찾는 여러 인물이 다채로운 모험이 흥미진진하게 펼쳐진다.

엄지짱꽁냥소 글·그림 | 2021
웅진주니어
한국 그림책
48쪽, 195×290mm
13,000원
ISBN 9788901251974

주인공 공룡은 다른 공룡들이 무서워 혼잡 떠는 욱 혼자 공룡이면서도 어딘가 조금 다른다. 바로 멋진 공룡이 되기 위해 노력하다는 것! 주인공 공룡은 누구보다 자기 자신을 믿고 사랑하며, 위해서 빼진 친구들을 지켜주고 작은 것도 소중하게 여기는 마음을 갖고 있다. 공룡 그림에다 흔한 셋조을 넘어서서 씩씩하고 당찬 여자아이를 주인공으로 내세운 점이 다욱 매력적이다.

남은 경 글·그림 | 2021
웅진주니어
한국 그림책
48쪽, 200×220mm
13,000원
ISBN 9788901252483

세탁, 택배, 거리 청소, 음식 배달, 흙 만들기, 가루 닦기, 물건 나르기, 땜질이, 붕입 청소, 교통정리 등 우리 사회 곳곳에서 새계를 위해 일하는 여성들의 모습을 마치 춤추는 것처럼 멋지게 표현한다. 사회인의 일원으로서 사회 구석구석에서 열심히, 녹독하게 자기 일을 해나가는 여성 노동자들이 모습을 경쾌하고 아름답게 보여준다.

정인하 글·그림 | 2017
고래뱃속
한국 그림책
38쪽, 230×287mm
13,000원
ISBN 9788992505673

신부가 되기 위해 받은 노는 소녀에게 다른 길을 열어준다. 시화가 주한 집시가 아닌, 자신만의 길을 찾아가는 소녀의 투지와 용기가 아름답다. 우리는 우리에게 주어진 노로 무엇을 할 수 있을지 생각해 볼 수 있는 책.

우소리 글·그림
이야기꽃 | 2019
한국 그림책
32쪽, 210×293mm
15,000원
ISBN 9788998751449

안녕? 나의 핑크 블루

세계적으로 주목받은 윤정미 작가의 〈핑크 & 블루 프로젝트〉 시리즈가 소년이 좋아하는 블루 같은 블루라는 컬러와 핑크. 블루라는 컬러와 지난 이면에 근본적인 질문을 던지는 지난날의 색을 찾으며 성장하는 사람들이 보여주는 다채로운 색의 세계가 우리 편견과 선입견을 돌아보게 한다.

윤정미 사진, 소이언 글
우리학교 | 2021
한국 그림책
56쪽, 225×282㎜
16,000원
ISBN 9791190337649

스파이더맨 가방을 멘 아이

좋아하는 캐릭터 스파이더맨 가방을 고른 꼬마에게 가방을 사준 이모도, 가방 가게 아저씨도, 친구들도 한결같이 "스파이더맨은 남자애들 거야?"라고 말한다. 평범한 일상에 스며든 성별 고정관념과 편견이 엄마가 빨리 깨닫지 드러나는 순간이다. 잔소리는 아동 경기, 텔레비전 광고 등 지난 순간인 여자와 남자를 구별 지으려 하는 문화에 대해 편견 없는 눈으로 의문을 제기하는 그림책.

조르지아 베촐리 글
마시밀리아노 디 라우로 그림, 이승수 옮김
머스트비 | 2016
이탈리아 동화
64쪽, 155×248㎜
9,800원
ISBN 9788998433895

분홍 원피스를 입은 소년

어쩌다 분홍 원피스를 입고 학교에 간 날, 주인공 없는 여자아이들이 묻는다. 어째서 마음을 끄는 성별 편견을 하나하나 맞닥뜨린다. 교실 안에서 마주 아이들이 끄는 성별 편견이 얼마나 많은지 다양한 상황에서 현실감 있게 그려진다. 꽤 어렵게 책인데도 지금 우리 교실이 현실과 크게 다르지 않은 점이 흥미롭다.

앤 파인 글
피파스카이어 그림, 노은정 옮김
비룡소 | 2014
영국 동화
120쪽, 155×220㎜
9,500원
ISBN 9788949161747

조막만 한 조막이

주어머니가 자기 태어난 조막이가 나무도 뚝딱 패고 많은 일을 자라나는 아이로 마음과 도끼 때까지 구른다. 옛이야기 '조막이'를, 어린이의 지혜와 용기를 드러내고 새로운 공동체를 상상하는 오늘날 이야기로 다시 만들었다. 조막이의 비밀 하나가 밝혀지는 마지막까지 긴장을 놓지 말것.

이현 글, 권문희 그림
휴먼어린이 | 2018
한국 동화
132쪽, 185×235㎜
11,000원
ISBN 9788996591350

더 많은 아이들의 색깔을
: 사진작가 윤정미 인터뷰

인터뷰 및 정리: 정진호(그림책 작가)

화면 가득 똑같은 색이다. 같은 색 인형, 티셔츠, 공책, 신발, 책, 필통, 잠옷 사이로 똑같은 색을 맞춰 입은 물건의 주인이 카메라를 응시한다. 그리고 작가의 손가락이 움직인다. 찰칵. 15년간 젠더와 컬러코드를 주제로 사진 작업을 이어온 윤정미 작가의 작품이 《안녕? 나의 핑크 블루》라는 그림책으로 모습을 바꾸어 출간됐다. 다양한 이미지가 넘쳐나는 그림책 동네에서도 더욱 눈에 띄는 책이다. 새로운 시도, 낯선 형식, 묵직한 표현에 문득 작가가 궁금해졌다. 윤정미 작가의 연희동 작업실에서 만나 사진에 담은 의미와 그간의 작업 과정에 관해 편안하게 이야기 나누었다.

핑크&블루 프로젝트

정   작가님의 여러 작업 중에서도 먼저 〈핑크&블루 프로젝트〉에 대해 여쭤보고 싶습니다. 최근 《안녕? 나의 핑크 블루》라는 책으로 출간되기도 했고, 다움북클럽의 지향과도 가장 가까운 작업인데요. 〈핑크&블루 프로젝트〉는 젠더와 컬러코드를 담은 작업입니다. 처음 전시를 시작하신 2005년은 아직 한국에 페미니즘 담론이 지금처럼 활발하지 않았던 때라고 생각되는데, 작업을 시작하신 이유나 계기가 궁금합니다.

윤   딸을 키우면서 시작된 작업입니다. 딸이 5살 무렵부터 핑크색을 무척 좋아하게 되었죠. 지인이 준 핑크색 원피스만 하염없

정진호 작가(좌)와 윤정미 작가(우)

이 입고 다녔습니다. 비단 딸뿐만이 아니에요. 주변의 여자아이들은 하나같이 핑크색 옷을 입는 게 눈에 들어왔어요. 그러다 뉴욕으로 유학 갔을 때, 큰 마트에서 장을 보는데 여자아이들의 물건들은 천편일률적으로 핑크색이더군요. 유대인, 중국인, 히스패닉계 등 다양한 문화권의 사람들이 한데 어우러져 살아가는 미국에서도 성별 색깔 구분만은 매우 뚜렷하더라고요. 마침 새로 시작할 프로젝트를 고민하던 때였어요. 딸의 물건들을 보는데 옷뿐 아니라 장난감, 온갖 물건들이 모두 핑크색이었어요. 그래서 이 물건들을 모아서 늘어놓고 주인인 아이와 함께 사진을 찍으면 재밌겠다는 아이디어로 이어졌지요.

그렇게 처음에는 딸을 찍었고 점점 더 많은 아이들을 찍게 되었어요. 딸과 주변 아이들을 보면서 핑크색을 좋아하는 것이 과연 선천적인가, 상업적인 전략 때문인가 하는 생각이 들더군요. 미국은 텔레비전 광고가 15분에 한 번씩 나오고 끊임없이 같은 말을 반복하는 식인데, 그 광고를 보다가 어느새 아이가 '나 저거 사 줘'라고 말하는 걸 보면서 소비를 더욱 조장하는 미국 문화에 대해서도 짚어 보고 싶었어요. 이렇게 성별과 색깔, 소비 문화에 대한 생각을 〈핑크&블루 프로젝트〉에 담았지요.

정 〈핑크&블루 프로젝트〉는 여러 아이들을 찍는 동시에 한 아이의 성장 과정을 추적하며 촬영하기도 하셨는데요. 꽤 오랜 시간 동안 사진을 찍은 듯 보입니다. 인물이 성장하며 선호하는 색이 변화하기도 하고요. 마치 영화 〈보이후드〉를 보는 것처럼

《안녕? 나의 핑크 블루》(소이언 글, 우리학교, 2021) 표지와 뒷표지

인물의 성장과 변화가 사진을 통해 전해집니다. 이렇게 한 아이의 성장을 따라가며 작업한 의미와 과정이 궁금합니다.

윤 아이들은 성장하며 장난감이나 쓰는 물건이 금세 달라져요. 또 아이들 물건이나 옷은 오래 간직하지 못하고 버리거나 남에게 주기도 하고요. 그래서 사진으로라도 남기고 싶었지요. 연령대에 따라 선호하는 색이 변하다가 점점 자신만의 컬러를 찾아가는 모습도 재미있었어요. 촬영하면서 보니 3, 4학년이 되면 보통 핑크보다 보라색을 좋아하게 되고, 그다음에는 하늘색을 좋아하다가 그 이후로는 각자 좋아하는 색깔이 다양해지더라고요. 포니라는 말 인형을 만드는 회사에서는 말의 색깔을 핑크, 하늘, 보라색으로 출시해요. 그 외에도 여러 물건들이 보통 이 세 가지 색깔로 나오더군요.

정   아이들의 색깔 취향이 바뀌어 간다는 걸 조사해서 판단한 결과일까요?

윤   저도 닭이 먼저일까 달걀이 먼저일까 하는 의문이 들었어요. 아이들이 좋아하니까 그걸 노려서 만드는지, 그런 물건만 만드니까 아이들이 그 색을 좋아하는지. 책도 찾아보고 아는 디자이너에게 물어보기도 했어요. 어린이를 대상으로 하는 물건은 핑크, 하늘, 보라색 외의 색깔로 만들면 잘 팔리지 않는다고 하더군요. 이와 관련해서 독일의 한 프로그램에서는 제 사진을 인용하면서 심리학자나 여러 전문가 인터뷰를 진행했어요. 사람마다 의견이 갈려서 하나의 정답을 내놓지 못하더라고요. 저한테도 아직 의문으로 남아 있습니다.

정   어린이 모델 섭외 시 성장하는 과정을 따라 촬영하는 계획을 미리 세우시나요?

윤   꼭 그렇진 않고요. 촬영한 아이들은 부모의 연락처를 알고 있어요. 이후에 미국에 전시가 있을 때마다 연락해서 촬영하곤 했어요. 작년에는 가족끼리 미국에 여행을 갔다가, 우연히 이전에 사진을 찍었던 가족에게 연락이 닿아서 촬영이 성사된 적도 있었어요. 촬영 장비를 가져가지 않아서 현지에서 장비를 빌려 촬영했죠.

정 연락이 계속되는 게 신기합니다. 도중에 연락이 끊어지기도
   할 텐데요?

윤 맞아요. 모두와 지속적으로 연락하며 지내는 건 아니에요. 부
   모에게 메시지나 이메일을 보내도 답이 없기도 하고요. 요새
   는 촬영했던 아이들이 대학생이 되어 SNS로 연락이 닿는 경우
   도 생기곤 합니다. 미국에서는 18세 이전에는 촬영 시 부모의
   허락이 필요한데, 이제 성인이 되어서 직접 연락하는 아이도
   있어요. 그 아이들이 SNS에 연애하는 모습이나 별별 과감한 사
   진을 올리기도 해서 마치 내 아이인 것처럼 깜짝 놀라기도 해
   요. 자기 사진을 직접 찍어 멋있게 올리는 친구들을 보면 제 사
   진보다도 훌륭해서 재미있게 보기도 하고요.

정 그 친구들에게도 의미가 각별하겠어요. 자기 어린 시절 모습
   과 아끼던 물건이 작품으로 남은 거잖아요. 아이들의 생각을
   들어보셨나요?

윤 대체로 아이들은 사진을 무척 좋아해요. 전시회에 꼭 찾아와
   요. 전시장에 걸린 자기 사진을 보며 재밌어하고 다른 아이의
   사진을 보면서 같은 장난감을 찾으며 놀기도 하고요. 지인의
   아이 가운데 그림책《안녕? 나의 핑크 블루》애독자가 있는데,
   매일 서너 번씩 책 속에서 장난감을 찾느라 책이 너덜너덜하대
   요. 저희 딸과 아들도 예전 사진을 보면서 거기 담긴 물건이 지
   금은 하나도 남아 있지 않다고 말하기도 해요. 이 프로젝트에

젠더와 소비주의, 물신주의에 대해 비판적 메시지를 담았지만,
아이와 부모에게는 그저 소중한 추억의 사진이기도 해요.

정　사진에 담긴 사회 비판적 메시지와 달리 개인에게는 따뜻한
추억인 점이 재미있네요.

윤　그 점이 아이러닉하죠. 사진에 담긴 비판적 메시지 때문에 섭외
할 때 조심스럽기도 한데, 개개인에 대한 비판이 아니라 사회
현상에 관한 이야기라 큰 부담 없이 진행되는 편이에요.

정　〈핑크＆블루〉 작업에서 물건 배치도 직접 하신 거죠? 프레임
안에 절묘하게 빽빽하게 맞춰 넣는 미학을 구사하는 작가들이
있는데, 작가님도 그걸 좋아하시나 보다 생각했어요. 물건을 화
면 안에 가득 채울 때 내는 느낌과 분위기 같은 거요.

윤　제가 1998년부터 1999년까지 〈동물원〉 작업을 할 때, 동물들을
시스템이나 제도 안에 갇혀 있는 인간으로 상징화해서 표현했
어요. 그 표현을 위해 사용할 여러 부품을 촬영하러 을지로를
자주 돌아다녔죠. 을지로 가게들은 아주 좁은 공간에 체계적으
로 물건을 분류, 정리해 두는데, 그게 제 눈에 들어왔어요. 작은
볼트, 너트, 온갖 물건들이 규칙을 가지고 배열되어 있었죠. 그
래서 저도 이런 분류 체계를 가지고 촬영을 하면 좋겠다고 생
각했어요. 이처럼 촬영하다 보면 처음 가졌던 생각과 도중에 발
견한 새로운 영감이 동시에 뒤섞이며 진행되는 것 같아요. 관련

책을 찾아보면서 고민이 더 풍부해지기도 하고요.

　　그리고 이렇게 여러 물건을 찍으며 제가 물건을 좋아한다는 걸 뒤늦게 깨달았어요. 제가 이것저것 마구 사는 편은 아닌데, 잘 버리지 못하긴 해요. 지금은 그에 관한 작업도 진행하고 있습니다.

정　물건과 사람들을 찍을 때, 그 사람들과 매우 밀접한 물건을 꺼내서 보여주는 거잖아요. 그럴 때 모델이 된 사람들의 거부감은 없는지요?

윤　의외로 사람들은 자기 물건 보여주는 걸 무척 좋아하는 편이에요. 지금 〈수집가 프로젝트〉를 작업하고 전시하는 중인데요, 물건을 모으는 사람들을 찍은 작업이에요. 사진을 찍으며 숨어 있던 물건을 찾아내는 기쁨도 있고, 덕분에 정리하는 계기가 됐다며 좋아하시는 분도 계세요. 이런 촬영이 끝나면 제가 정리를 도와주는데, 어떤 집은 그냥 그대로 두길 바랄 때도 있어요. 아이들이 거기서 새로운 놀이를 시작하는 거죠.

　　미국에서는 섭외가 비교적 쉬웠어요. 평소에 작업 포트폴리오를 들고 다니다가, 지하철이나 마트에서 온통 비슷한 색 옷과 장신구를 걸친 아이나 부모를 보면 제안서를 내밀면서 섭외해요. 뉴욕은 미술학교도 많고 모델이나 배우 지망생도 많고 예술 활동이 활발히 이루어지는 곳이라 사진 작업에도 열려 있고 흥미로워해요. 대부분 흔쾌히 승낙하죠. 반면 한국에선 지인을 통해 섭외할 수밖에 없었어요. 아무래도 폐쇄

적이죠. 촬영을 하려면 집에 있는 온갖 장이나 창고를 열고 뒤져야 하니까 사실 쉬운 일은 아니에요. 심리적으로 열린 마음이 있어야 하고, 시간적 여유가 있는 분들만 이에 응할 수 있죠. 사진에 어느 정도는 드러나겠지만 제가 찍는 사람들이 대부분 중산층 가족이에요. 세팅부터 촬영까지 최소 몇 시간 이상이 걸리는데, 저소득층은 그 시간을 낼 여유가 없어요. 반면 아주 부유한 계층은 자기를 오픈하는 걸 꺼리죠. 그래서 자연스레 시간적, 심리적 여유도 있고 예술 활동에 흥미를 보이는 중산층 가족이 섭외되었어요.

정　《안녕? 나의 핑크 블루》는 〈핑크&블루 프로젝트〉를 그림책으로 정돈하여 만든 책이죠. 보통 사진집과는 달리 글 작가가 서사를 따로 구성했는데요. 이 그림책은 어떤 과정을 거쳐서 나오게 됐는지요? 또, 작가님은 자신의 사진에 글을 붙인 결과물을 보고 어떤 생각을 하셨는지도 궁금합니다.

윤　제가 〈소년소녀, 고양이를 부탁해!〉 책을 공동 집필하면서 우리학교 출판사와 인연을 맺게 되었는데, 그 인연이 그림책으로 이어졌어요. 처음 출판사에서 그림책을 내자고 제안할 때, 저는 컬러링북같은 걸 생각했어요. 수원에서 〈핑크&블루 프로젝트〉를 전시할 때 어린이 교육 프로그램으로 컬러링북을 만든 적이 있거든요. 하지만 처음 예상과는 다르게 글과 사진으로 이루어진 그림책이 된 거죠. 사실 제 사진은 예전부터 여러 나라의 다양한 매체에 실렸어요. 특히 외국에서는 제 사진을 미술교육에만 사용하는 것이 아니라 잡지나 학술 논문에서 젠더와 심리, 철학, 사회 등 다양한 교육을 위한 자료로 사용했어요. 제 사진을 제시하고 여러 생각을 이끌 수 있는 질문을 던지는 걸 보면서 신선하다고 느꼈죠. 한국에서는 제 작업이 그림책으로 나와서 다양한 측면으로 해석되고 사용될 수 있을 것 같아 기뻐요.

정 그림책이 나와서 작가님 작품을 더 다양하게 읽는 시선들이 생길 것 같아요. 그동안 아이부터 어른까지 여러 모델을 찍으셨는데, 그중 기억에 남는 특별한 에피소드가 있을까요?

윤 뉴욕에서 학교 다닐 때, 노란색을 좋아하는 로라라는 여자아이를 소개받았어요. 아이 부모와 약속을 잡고 집으로 갔는데, 알고 보니 윌리엄 웨그먼(William Wegman)이라는 유명한 사진가의 딸이었어요! 주로 개를 찍는 사진가인데 집에 갔더니 키가 저만 한 개 네 마리가 달려와 반겨주더라고요. 처음에는 그분 집인지도 모르고 갔어요. 집에 윌리엄 웨그먼의 사진이 막 널려 있어서 나중에야 알게 된 거죠. 사진가의 집에 그 딸을 찍으러 갔다는 게 참 재밌는 경험이었어요. 로라는 몇 년 뒤에 다시 만나 사진을 찍었는데, 예전에 방 안 사진 속에 있던 강아지가 큰 강아지 사진으로 바뀌어 있어서 재미있기도 했어요. 아이뿐 아니라 반려견이 성장한 모습도 같이 목격해서 흥미로웠던 케이스죠.

〈안녕? 나의 핑크 블루〉 속 작품들

동물원, 자연사박물관, 인사동, 반려동물 프로젝트

정   작가님은 초기 작업부터 동물 사진을 많이 찍으셨더라고요.
1998~99년 사이에 〈동물원〉 작업을, 2001년에는 〈자연사박물
관〉 작업을 했고요. 당시 한국은 아직 동물권 인식이 희미했던
때인데, 〈핑크&블루 프로젝트〉도 그렇고 여러 면에서 시대를
앞서갔다는 생각이 듭니다.

윤   지난번에 만난 어느 기자도 저더러 촉이 빠른 것 같다고 하더
라고요. 한 발짝 정도 앞서간다고. 제가 감이 좋은 사람이라 생
각지는 않는데, 뉴스를 보거나 책을 보며 생각을 많이 했던 게
잘 맞아떨어진 것 같아요. 작가들은 다 그런 면이 있잖아요. 똑
같은 걸 접하고도 생각하는 게 조금 다르죠.
　　〈동물원〉을 찍을 때는 동물권에 초점을 맞췄다기보다는
동물원이라는 시스템, 제도, 관습을 먼저 생각했어요. 사실 그
런 건 지역이나 시대에 따라 옳고 그른 게 뒤바뀌잖아요? 절대
적으로 옳은 건 없고, 예전에 우리가 했던 일 때문에 지금 다시
고통받기도 하고, 이런 점을 어떻게 표현할까 고민하면서 시
작했어요. 사진은 있는 것을 그대로 찍지만 추상적인 것을 표
현할 수도 있어요. 불안 같은 감정들도요. 그래서 그 추상을 표
현하는 방식으로 동물원이 생각났어요. 동물원은 자연이 인공
적 공간에서 사육되는 뒤틀린 장소죠. 마치 인간들이 자신의
전리품을 과시하는 장소처럼 느껴졌어요. 제 모든 작업이 비
슷한데, 어떤 아이디어가 떠오르면 관련 자료와 책을 많이 찾
아 읽고 그 아이디어가 또 다른 방향으로 나아가는 식이에요.

동물원의 역사를 찾아 읽다가 동물원의 공간이 감옥의 구조와 비슷하다는 점을 알게 됐어요. 이게 또 한국의 주민등록처럼 제도가 국민을 감시하는 체계나, 요즘의 SNS처럼 스스로를 노출함으로 스스로를 감시하게 하는 시스템에 대한 생각으로 이어졌고요. 아무튼 동물원은 그런 생각에서 시작했어요. 그런데 막상 동물원에 가서 촬영을 하니, 아프고 다친 동물이 보이더라고요. 상아가 빠진 코끼리, 한쪽 눈이 없는 부엉이, 좁은 공간에 갇힌 북극곰이요. 스트레스로 미쳐가는 동물들을 보며 그 고통을 사진에 잘 담아내고 싶었어요. 처음부터 동물권을 주장하려는 의도는 없었지만 사진 속에 자연히 그런 점이 담겼죠.

정   말씀대로 동물 사진에 더 깊은 의미가 담겨 있을 것 같네요. 동물권과 더불어 갇힌 자와 지켜보는 자, 즉 감시의 이야기일 수도 있고요.

윤   우리가 '종속과목강문계'로 동물을 분류해서 편하게 구분하고 정리하는 것도, 어찌 보면 관리와 감시를 용이하게 하기 위한 수단이죠.

정   초기작인 〈동물원〉 작업 이후에 2008년부터 2015년까지 반려동물을 사진으로 찍으셨어요. 이 사이에 간극이 좀 있는데, 그 사이에 어떤 생각이나 심정의 변화가 있었나요?

윤   저도 어렸을 때 동물을 키웠어요. 그땐 집 밖에서 먹다 남은 음식을 주며 그렇게 길렀죠. 당시에는 동물 병원도 거의 없었어요. 그야말로 반려가 아닌 그냥 동물이었어요. 좋아하지만 가족처럼 느끼지는 못했죠. 그러다 아이를 기르면서 다시 동물을 키우게 됐어요. 아이들이 너무 원해서 강아지를 데려왔는데 결국 씻기고 먹이고 산책시키는 건 다 제 몫이었어요. 그렇게 살뜰히 챙기며 기르다가 아이들이 성장해서 집을 떠나고 나니 남는 건 강아지밖에 없더라고요. 그래서 반려동물의 존재가 더욱 크게 다가왔어요.

정   〈핑크&블루 프로젝트〉도 〈반려동물〉도 다 작가님 자신의 경험과 관련이 있네요.

윤   그렇죠. 다 제 자신의 경험에서 시작하죠.

정   〈반려동물〉은 동물과 함께 다양한 가족 형태를 보여주고 있습니다. 1인 가구부터 커플, 대가족까지 의도적으로 다양한 가족 구성을 보여주신 것일까요? 아니면 우연히 그렇게 되었나요?

윤   그건 의도된 것이었어요. 혼자 사는 여성이나 한옥에 사는 할머니도 꼭 찍고 싶었고, 다양한 가족의 형태를 넣고 싶다는 계획이 있었어요. 사실 가족 형태가 다양화된 것은 꽤 되었는데 우리가 제대로 인정하지 않은 면도 있어요. 한국은 틀에 맞추는 것, 정상과 비정상을 구분하고 어떤 기준에 부합하는지를 따지는 게 강해서, 그걸 사진을 통해 짚고 싶었지요.

정 　작가님 작품을 꿰뚫는 공통점이 있다면, 〈반려동물〉의 사람과
　　동물, 〈인사동〉의 가게 주인과 물건들처럼 그 사람이 오랜 시
　　간 머무는 생활공간으로 들어가서 촬영한다는 점이에요. 어떤
　　근사한 배경을 인위적으로 만드는 게 아니라요. 이 또한 의도
　　한 것인가요?

윤 　누군가의 집에 가면 그 사람이 자기 식으로 꾸며 놓은 걸 볼 수
　　있어요. 잘살든 못살든 말이에요. 신경 써서 집을 꾸미는 사람
　　도 있고 아무렇게나 지내는 사람도 있지만, 어쨌든 공간이 그
　　사람을 드러내죠. 옷이나 가방처럼 차림새가 누군가의 사회적
　　위치나 취향 등을 반영하듯이 공간에도 그게 나타나요. 반려
　　동물을 찍을 때 다른 작가들의 작업들을 좀 찾아봤어요. 스튜
　　디오 사진처럼 예쁜 배경으로 찍은 반려동물 사진들이 많더군
　　요. 이런 것들은 별로 재미가 없었어요. 예쁘지만 읽을거리가
　　없다고 해야 할까요?

정 　작가님 사진의 피사체는 모두 편안하고 자연스러워 보입니다.
　　자기의 든든한 홈그라운드에서 찍어서일까요? 공간이 큰 영향
　　을 미쳤을 것 같아요. 스튜디오에 갔으면 이 표정이 안 나오겠
　　죠. 많은 이야기가 삭제된 채 인물만 옮겨 놓은 거니까요. 생활
　　공간이라 더 풍성한 이야기가 나오는 것 같습니다. 생활공간
　　으로 깊숙이 들어갈 때 거부감을 느낄 수도 있을 텐데, 잘 침투

해 들어가는 노하우 같은 게 있으신가요?

윤   〈핑크&블루 프로젝트〉는 제가 엄마였기 때문에 용이한 면이 있었어요. 저와 같은 엄마들을 섭외했으니까요. 아마 남자 사진가라면 모델들이 좀 더 거부감을 느꼈을 수도 있겠죠. 누군가 우스갯소리로 '아줌마 작가라서 가능했다'고 얘기하기도 했어요. 〈반려동물〉도 〈인사동〉 작업도 제가 여자라는 점이 섭외에 도움이 되었다고 생각해요.

      생활공간에서 찍을 때는 최대한 빨리 찍으려고 해요. 〈인사동〉 때는 영업하는 가게니 장사에 방해가 되지 않도록 빨리 찍어야 했죠. 〈반려동물〉을 찍을 때도 동물들은 한순간도 가만히 있지 않으니 적당한 포즈가 나왔을 때를 노려 재빨리 찍었어요.

정   저는 사진집 〈반려동물〉에 실린 할머니와 강아지 사진이 정말 좋거든요. 이렇게 자연스러운 표정이 쉽게 나오진 않을 것 같은데요. 그 순간을 노리기 위해 엄청나게 오랜 시간을 기다려야 한다면 어떡하죠?

윤   그럴 때도 있어요. 제가 집에 가면 동물들도 처음에는 긴장하거나 경계하다가, 촬영을 위해 세팅하는 동안 경계심을 푸는 편이에요. 오래 기다리더라도 동물을 키우는 사람들은 지치거나 화난 표정이 나오질 않아요. 자기 반려동물이 너무 사랑스러운 거죠. 마치 아기를 바라보듯 행복함이 계속 느껴져요. 한

번은 고양이가 엄청나게 많은 집에 촬영을 갔는데, 고양이가 다 도망가고 결국 두 마리만 남아서 작품이 제대로 안 나온 적도 있어요. 기다려도 어쩔 수 없는 경우도 있는 거죠. 집 밖에서 찍은 경우도 몇 장면 있는데, 낯선 사람이 집에 오면 너무 짖는 경우에만 그랬어요. 일부러 자주 가는 산책길에서 찍기도 했죠.

정 보통 반려동물 하면 개나 고양이를 떠올리는데, 이 책에는 이구아나나 거북이, 쥐 같은 다양한 동물이 나와요.

윤 가족 형태처럼 동물도 다양한 종을 담으려고 일부러 섭외했어요. 이구아나가 전기밥솥을 안고 있더라고요. 거북이는 절대 느리지 않고 엄청나게 빨랐죠. 재미있는 일화가 많았어요. 사람들이 행복해하고 즐거워해서 좋았죠.

정 동물 보는 재미만큼이나 사람 보는 재미가 참 좋아요. 이런 다양한 동물을 키우는 사람들은 어떤 사람일까 싶고. 모델의 옷차림이나 생김새를 보면 인물 구성이 참 다양한 것 같아요. 반려동물 촬영 중에서도 가장 기억에 남는 에피소드를 들려주실 수 있으실까요?

윤 〈반려동물〉 사진집 표지 사진을 찍은 집이 기억나요. 아이 다섯에 강아지가 두 마리인 집이었어요. 사람이 많다 보니 시간 맞추기가 어려웠어요. 겨우 저녁 8시에 약속을 잡고 촬영을 시작했는데 강아지들이 촬영 가방에다 오줌을 싸고 아이들은 도중에 서로 싸워서 울고 난리도 아니었어요. 겨우겨우 달래가며 사진을 몇 장 찍었는데, 이미 시간이 늦어버려서 아이들이 졸기 시작했어요. 그래서 이제 안 되겠다, 더는 촬영이 무리겠다 싶어서 어쩔 수 없이 '수고하셨습니다. 감사합니다.'라고 인사를 드렸더니, 그제야 아이들이 '끝났다!!' 하면서 엄마 아빠랑 껴안고 행복해하더라고요. 그 순간에 사진을 찍었는데, 바로 그 사진이 표지 사진이 되었어요.

저도 촬영하면서 여러 가지 노하우가 쌓이는데, 예를 들면 모델이 촬영 허락서를 읽어 보고 사인을 하는 동안 저는 조명은 어떤지, 어느 구도로 찍으면 좋을지 테스트 삼아 대충 사진을 찍어요. 그런데 그게 나중에 제대로 세팅하고 포즈를 취해 찍은 사진보다 더 좋을 때가 있는 거죠. 전문 모델이 아닌 이상 사진을 찍을 땐 몸이 굳어요. 그래서 촬영할 때 테스트니까 편하게 계시라고 말하고 찍으면 자세가 아주 편하고 자연스럽게 나와요. 학생들에게도 자주 알려주는 노하우죠.

사진작가의 일과 젠더

정 다움북클럽은 성평등한 어린이책을 선정하여 널리 알리는 것을 목표로 하고 있습니다. 작가님의《안녕? 나의 핑크 블루》도 올해 선정 목록에 들어갈 예정이에요. 다움북클럽 도서 목록에는 여성 인물을 다룬 책이 많고, 그중에 사진작가 도로시아 랭의 이야기를 담은 그림책《진실을 보는 눈》(책속물고기, 2017)도 있는데요, 혹시 롤모델로 삼거나 영감을 받은 여성 사진작가, 여성 예술가가 있을까요?

윤 　대학원 다닐 때 본 마리나 아브라모비치(Marina Abramovic)라
　　는 퍼포먼스 예술가가 떠오르네요. 앰뷸런스를 불러 놓을 정
　　도로 극한 상황을 설정하고 퍼포먼스를 했어요. 뭔가를 끝까
　　지 밀어붙이는 예술, 좀 무서워 보이기도 하고요. 그분 책을 보
　　면서 자극을 꽤 받았어요. 또 알레산드라 상귀네티(Alessandra
　　Sanguinetti)라고 매그넘 소속 아르헨티나 사진가의 작업도 좋
　　아하고. 특별히 여성 작가를 주목하기보다 다양한 작업을 보
　　고 작가들 책 보는 걸 좋아해요. 최근 전시 중에는 윤석남 작가
　　의 작업이 좋았어요.

정 　저는 그림책 작가로서 '왜 하필 그림책인가'라는 질문을 종종
　　받고는 해요. 대답하기 난감한 질문이죠. 죄송하지만 같은 질
　　문을 작가님께 드리고 싶은데요. 자기 안에 있는 여러 가지 이
　　야기와 생각을 표현할 여러 가지 방법이 있는데, 시각예술의
　　여러 표현 방식 중에서도 사진을 선택하신 이유나 과정이 궁
　　금합니다.

윤 　저는 예고를 졸업하고 서양화과로 진학했어요. 워낙 입시에
　　지쳐서 그런지 막상 대학을 들어가니 그림이 지루하기만 했어
　　요. 그렇다고 아예 놓은 건 아닌데, 미칠 듯 좋아하거나 몰입하
　　지 못했어요. 남들에 뒤지지 않을 정도로만 열심히, 딱 그 정도
　　로만 했죠. 그때 왜 제가 몰입하지 못했나 되짚어보니 당시 교

수님들이 대부분 앵포르멜 추상 화가들이었어요. 구체적으로 그리지 말고 느낌을 추상적으로 표현하길 바라는 교수님과 제가 잘 맞지 않았던 거죠. 졸업을 위해 어쩔 수 없이 추상을 그렸지만 제 작업이라고 느껴지진 않았어요.

지금도 학생을 가르칠 때 선생님이 하는 이야기는 그저 충고일 뿐, 가슴에 완전히 받아들여지는 것을 하라고 말해요. 그래도 학생들은 선생님에게 휘둘리기 쉽죠. 아직 단단히 자기 영역을 굳히지 못했으니까요.

졸업 즈음에 친구들이 대학원을 가거나 유학을 떠날 때 저는 막막하기만 했어요. 이후 판화를 조금 했었는데, 유독한 재료를 다뤄야 해서 임신 후에는 더 이어갈 수가 없었어요. 그래서 무엇을 할 수 있을까 찾다가 취미로 사진을 찍기 시작했어요. 대학생 때 수업도 듣고 사진을 몇 번 찍기도 했거든요. 그러다 사진을 제대로 배우기로 결심했어요. 작업의 기초를 만들고 싶어서 대학원을 선택했는데 배우다 보니 지금까지 흘러왔어요. 중간에 몇 번 흔들린 적도 있었어요. 하지만 내릴 수 없는 설국열차를 탄 거죠. 미국으로 유학 갔을 때 비디오 쪽으로 방향을 틀어보려 했었는데, 사진보다 시간이 훨씬 오래 걸리는 작업인지라 육아 여건상 힘들었어요. 지금 생각하니 조금 아쉽기도 하네요.

정 여성 예술가, 여성 사진작가로서의 삶은 어떠셨나요? 그리고 작가님의 작업에 여성이라는 젠더는 어떤 의미를 가지는지요.

윤 사실 예전에는 별생각이 없었어요. 육아하면서 동시에 작업을 이어가느라 바쁘고 정신이 없었어요. 대학에서 강사 생활을 오래 했지만 재료비 정도 버는 수준이었어요. 그래도 좋아서 하는 일이라 참고 버텼지요. 남자나 여자나 각자의 자리에서 서로 힘든 점이 있겠죠. 그런데 요새 사회는 급격히 변화하는데 중년 남자들은 이 변화를 못 따라가는 것 같아요. 그동안 여성들이 모르고, 참고 살았지만 지금은 그렇지 않거든요. 이 변화에 제대로 적응하지 못하면 도태되는 거죠. 이제 저도 젠더 이슈에 관련한 공부를 더 하게 되고 여러 가지로 고려하게 돼요. 딸한테 혼나면서 배우기도 하고요. 나도 모르게 습관이 된 게 많아서 의식적으로 고치려고 해요.

특히 요즘은 여성을 더 많이 찍으려 해요. 우리 사회의 많은 부분이 남성 위주로 돌아가니까요. 여성들을 좀 더 조명해 주고 싶어요. 제 대학 친구들 중에도 유학까지 다녀왔지만 결혼하고 육아하다 보니 작업이 끊긴 경우가 많아요. 이제는 그 친구들이 아이를 다 키워서 시간이 많은데 막상 다시 작품을 시작하라고 하면 적극적인 반응이 없어요. 다시 작업을 시작하는 게 어려운 일인 것 같아요. 친구들 집에 가 보면 베란다 구석에 몇 작품이 남아 있어요. 그 풍경이 참 쓸쓸하고 아깝고 슬프기도 해요.

여러 성폭력 사건을 보며 생각이 많아져요. 그 사건을 어떻게 작업으로 다루어볼까 고민하고 있어요. 해야겠다는 의무감은 드는데 아직은 막막하네요.

정 　작가님이 촉이 좋다고 하셨는데, 그건 세심하고 예민한 감수
　　성을 갖추셨기 때문인 것 같네요. 새로운 생각을 받아들일 준
　　비가 늘 되어 있으니까요. 작업을 중단한 여성 예술가를 모델
　　로 작업을 이어가셔도 좋을 것 같습니다.

　　　　오늘 인터뷰를 마무리하며 몇 개의 질문만 더 드리겠습니
　　다. 작가님만의 컬러를 하나 꼽는다면 어떤 색일까요?

윤 　저는 파란색을 좋아해요. 파랑 계통의 옷이나 물건이 많아요.
　　부끄럽지만 제 파랑 물건을 촬영한 적도 있어요. 2008년에 찍
　　고 1, 2년 전에 찍은 사진도 있는데, 너무 비교되게 제가 늙은
　　것 같아서 좀 싫었어요.(웃음) 검정색은 편리해서 많이 갖고
　　있어요. 옷도 그렇고, 제 사진 장비들이 대부분 검정색이죠.
　　부끄럽지만 《안녕? 나의 핑크 블루》의 마지막 사진이 바로 저
　　예요.

정 　마지막으로 여성 작가로서 다른 여성 작가나 여자아이들에게
　　하고 싶은 이야기가 있을까요?

윤 　우리 주변에는 당연하다고 여겨지는 것들이 참 많아요. 제 사
　　진 작업은 그걸 좀 더 시각적으로 강하게 보여주어 다시 한번
　　생각하게 만들죠. 불합리한 일이라면 당연히 고쳐야 해요. '지
　　금까지 항상 이래 왔으니까'는 이유가 될 수 없어요. 그런 일이
　　있다면 되돌아보게 만들어야 해요.

혐오 반대

고정관념과 편견에서 비롯한 차별과 혐오의 마음이나

행동에 대해 반대하는 내용을 다루는가?

"그래. 나는 미래에게 편지를 썼어. 우리는 책으로
묶을 수도 있을 만큼 많은 편지를 주고받았지.
이게 무슨 말이냐면 우리는 아주 가까워졌다는 말이야.
친구가 되었느냐고? 글쎄. 우리가 친구였을까?"

—《그래서 우리는 사랑을 하지》(최진영 외) 중에서

7

Q18 혐오와 차별에 반대하는 내용을 담고 있나요?

우리 사회에는 어리다고, 가난하다고, 장애가 있다고, 피부색이나 종교나 성별이나 성정체성이 다르다고... 여러 가지 이유로 차별하고 혐오하고 인권을 침해하는 일이 여전히 많습니다. 이에 반대하는 목소리를 담은 어린이책을 소개합니다.

Q19 사회적 약자에 대한 혐오가 드러나지는 않나요?

우리는 무심코 의도치 않게 누군가를 차별하고 혐오하는 일이 많습니다. 무슨 일의 초보자에게 '린이'라는 말을 붙이고, 무엇을 망설이는 태도를 '결정장애'라고 표현하면서 어린이와 장애인을 차별하는 것처럼 말이지요. 일상에 스며든 먼지차별 표현으로 사회적 약자를 차별하지 않는 어린이책을 소개합니다.

인어를 믿나요?

빨강
: 크레용의 이야기

사랑해 너무나
너무나

사랑에 빠진 토끼

수영을 좋아하고 인어 이야기를 즐겨 읽는 졸리앙은 어느 날 자신도 인어가 되고 싶다는 꿈을 꾼다. 카드와 장난구름을 이용해서 인어처럼 화려하게 꾸민 졸리앙을 본 할머니는 망설임 없이 졸리앙을 바닷가인 한 파티에 데려간다. 졸리앙은 할머니의 격려 덕분에 자연스럽게 인어들이 헤엄쳐 활보한다. 이종 생물 나이와 사심없이 곁에 도전하고 서로 어우러져 친구가 되는 모습이 아름답게 펼쳐진다.

빨강으로 태어났지만 빨강을 잘 그리지 못하는 파랑 크레용. 부모님과 선생님과 친구들은 더 노력하라며 이런저런 방법을 일러주지 지적한다. 그런데 읽고 보니 빨강은 곳곳에서 웃음을 잘못 읽어 세상에 나면 파랑이었다고 그림에 태어났구나 깨닫에, 그림 맞길 때문에 그려 맞춰 살아가는 삶이 아닌 자신의 진정한 모습을 찾도록 격려하는 그림책.

미국 뉴욕에 있는 센트럴파크 동물원에 사는 수컷 펭귄 로이와 실로는 아무도 돌보지 않는 알을 번갈아 품었으나. 엄마 아빠 없이 부화에서 키워야 새끼 탱고가 태어났다. 로이와 실로는 자신들이 낳지 않았지만 탱고를 보듬고 돌보며 단란한 가족을 이룬다. 이 영화 사회를 변화하고 새로워지는 가족이 의미에 대해 생각하게 하는 책이다.

수컷 토끼 두 마리이 사랑으로부터 시작해 성소수자의 권리까지 안 가족 동화에 대해 생각하게 만드는 책이다. '다름을 인정하고 제도가 합리적이지 않다면 바꿀 수 있으며 사랑은 영원하다'는 어제 들으면 너무 지부한 것 같은 목소이지만 이 간단한 말을 쉽게 할 수 없는 것이. 현실이이다. 부드럽고 세심한 편견을 깨고 행복하게 살 수 있을까?

제시카 러브 글·그림,
김지은 옮김 | 웅진주니어
2019 | 미국 그림책
40쪽, 250×230㎜
13,000원
ISBN 9788901235165

마이클 홀 글·그림
김재히 옮김 | 봄봄 | 2017
미국 그림책
48쪽, 210×297㎜
13,000원
ISBN 9788991742864

저스틴 리처드슨 · 피터
파넬 글, 헨리 콜 그림
김미선 옮김 | 담푸스
2012 | 미국 그림책
32쪽, 215×280㎜
10,000원
ISBN 9788994449180

말린 분도 · 질 트와스 글
EG 켈러 그림, 김지은 옮김
비룡소 | 2018
미국 그림책
32쪽, 260×260㎜
18,000원
ISBN 9788949153438

스텔라네 가족

첫사랑

내 말은, 넌 그냥 여자야

왕자와 드레스메이커

아빠만 둘인 스텔라는 학교에서 열린 어머니날 파티를 앞두고 고민에 빠진다. 친구들은 엄마가 없어서 안됐다고 여기지만, 스텔라인 고민은 그런 게 아니다. 단지 엄마라는 부르는 사람이 없어 파티에 누굴 초대할지 않을 뿐, 이해하려 파파는 누구보다 넘치는 사랑으로 스텔라를 돌봐준다. 동성 가족뿐만 아니라 입양 가족, 한부모 가족, 다문화 가족 등 다양한 가족 형태가 자연스럽게 등장하는 그림책.

미리암 비 쉬퍼 글 올리 클리프턴-브라운 그림 김붕항 옮김 불이여야 2018 | 미국 그림책 36쪽, 234×234㎜ 12,000원 ISBN 9791195269518

할머니와 시골집에서 산단가 대도시로 이사 온 주인공은 새로 다니게 된 유치원도, 아파트 놀이터도 모두 낯설고 시큰둥이다. 즐거움이 있다면 혼자 집에서 라디오를 켜놓고 산책과 낮춤을 듣는 것이다. 싸움을 싫어하고 수줍음 많은 주인공을 이해하는 유일한 친구는 남자아이 드레이크다. 드레이크는 거친 친구들로부터 주인공을 보살펴준다. 첫사랑의 감정을 솔직하고 아름답게 나타낸 동화다.

브라네 모제티치 글 마야 카스텔리츠 그림 박지니 옮김 | 움지씨 2018 | 슬로베니아 그림책 48쪽, 148×197㎜ 13,000원 ISBN 9791195762439

트랜스젠더 어린이의 고민과 성장을 다룬 동화. 섬세수자 어린이가 자신을 주체하는 과정을 통해서 따라가면서 보여준다. 주인공 조지가 자신이 진짜성을 깨닫는 고정에서 묘사되는 여성의 모습이 진정성이라는 한계도 있지만, 섬세수자 어린이를 향한 응어와 가족이 둘이해, 친구들과 주견 같은가들까지 입체적으로 그려낸 수작이다.

앨릭스 지노 글 김수현 옮김 | 새드북 2018 | 미국 동화 160쪽, 153×225㎜ 12,000원 ISBN 9791160511963

나는 누구일까. 무엇을 할 때 가장 빛날 수 있을까. 아름다운 드레스를 입고 파리 아이로 크리스틴라이면 지내는 일이 행복한 세바스찬 왕자와 자기만이 디자인으로 멋진 옷을 만들고 싶은 프랜시스가 서로의 꿈을 펼쳐주는 파트너로 자라나면서 단단한 주체이신기사가 매혹적인 서사, 아름다운 그림이 잘 어우러진 무언어러운 작품이다.

전 왕 글·그림 김지인 옮김 | 비룡소 2019 | 미국 그래픽노블 288쪽, 152×216㎜ 16,000원 ISBN 9788949135106

오, 사랑

그래서 우리는 사랑을 하지

아이 러브 디스 파트
I Love This Part

시인 X

두 여성 청소년의 사랑 이야기에 다양한 가족 형태까지 더해 일곱 가지 다채로운 삶의 모습이 펼쳐진다. 외국으로 훌쩍 떠나 사랑하게 열리는 이야기가 산뜻하면서도 따뜻하다. 사랑은 섬은 고통스럽더라도 새 길을 열어 준다는 걸 말한다.

조우리 글 | 서해겸 | 2020
한국 청소년 소설
236쪽, 145×225㎜
12,000원
ISBN 9791160946789

청소년 성소수자인 삶을 다각도로 들여다볼 수 있는 단편소설집이다. 누구나 자신의 방식으로 사랑할 자유가 있고, 사랑이 있는 한 존재는 결코 사라지지 않으며, 누구도 공동체 안에서 차이를 이유로 존재를 차별할 수 없다는 이야기한다. 작품 속 인물들로 펴가나 새안과도 건강하게 자기 자신을 사랑하고 타인을 존중한다. 일곱 명이 작가는 자신을 믿고 나아가는 성의 순간과 사랑이 경험을 담담하게 그려낸다.

박서련·김원·이종산
김현진·이울·정유한
전삼혜·최진영 글
무지개책갈피 엮음
돌베개 | 2021
한국 청소년 소설
200쪽, 140×210㎜
13,000원
ISBN 9788971998984

두 여성 청소년이 연애 서사가 해체되며 생겨난 틈을 상상하던 재구성하다 보면 그들이 그들의 사랑은 단속하고 단조로 단속 가슴 아프게 느껴진다. 둘이 함께하던 시간에는 온 세상이 그들이 전부 다가오다는 사람들 도시, 흩뜨 곳곳지만, 바다, 배경이 섬세하 이름다운 보랏빛으로 비춰진다.

틸리 월든 글
이예원 옮김 | 미디어창비
2018
미국 청소년 그래픽노블
68쪽, 173×244㎜
9,800원
ISBN 9791189280079

사를 연결해 만든 운문소설이다. 이민자, 아프리카 라틴계 십 대, 여성 등 그동안 주류에서 소외됐던 목소리를 그러모아 독차지의 이야기로 엮어냈다. 주인공이 시어머니 도와하지 않는다. 자신이 사는 세계를 향해, 진실을 향해 두려움 없이 나아간다. 사랑과 관계, 정체성 같은 것들의 고민하던 있는 청소년들에게 힘 있는 공감과 위로를 건넬 책.

엘리자베스 아체베도 글
황유원 옮김 | 비룡소
2020 | 미국 청소년 소설
500쪽, 133×203㎜
16,000원
ISBN 9788849192581

여학생

여자 남자, 할 일이 따로 정해져 있을까요?

여자가 되자!

소녀와 소년, 멋진 사람이 되는 법

국립근대어린이청소년국구소가 개발한 첫수 희곡집, 세 편이 희곡과 희곡들에 대한 짧은 글을 담은 에세이가 실려 있다. 남성 청소년들이 사회가 다양한 연극 무대에 오른 것에 비해 그동안 듣기 어려웠던 여학생들의 목소리가 새싹을고 구체적인 자연과 함께 담자 있다. 여성의 몸, 여성이 지닌 힘 그들이 관계에 대해서 외면으로거나 과장되지 않은 이야기를 들러준다.

세상에 따라 성별이 변하는 히둥가리. 수컷이 배추머니에 알을 품어 부화시키는 해마, 암컷에게 달라붙어 사는 수컷 초롱아귀 등 다양한 물고기의 생태를 머 여주면서 성역을 고정관념을 유쾌하게 작복하는 그림책이다. 우리가 알고 있는 성별 이분법적 사고와 고정관념들은 근거 판건에 불과함을 보여준다. 물고기들이 서로 다른 성별 품으며 따라가며 관찰하는 재미가 있다.

짐을 여자는 공차기를 못 하고, 쇼핑을 좋아하고, 결혼을 꼭 해야 한다고 믿을까? 누구나 한 번쯤 들어봤을 어제에 관한 질문을 얼룩은 이던 여자기로 샌드위치를 터트리고 통통들을 춤주거리며 녹는 여자아이가 등장하는 통쾌하고 그림으로 반지시킨다. 다양한 외면이 여성들이 이제를 걸고 '내가 원하는, 나다운 여자가 되자'라는 메시지를 던지는 마저가 장면에서는 후련함이 느껴진다.

남의 말에 귀 기울이고 존중하며 누군가를 도울 줄 아는 사람이 되는 일에 성별 구분은 의미 없다. 원하는 일을 하고 입수 검증을 표현하며 꿈을 키우는 일에 여자답게, 남자답게를 넘어서서 나다운 행복을 누리는 사람, 타인의 행복을 존중하는 사람이 되자고 이야기하는 진정한 어린이 성장 안내서.

배소현 · 황나영 · 박초근 글 | 제철소 | 2017
한국 청소년 희곡
312쪽, 130×188㎜
13,000원
ISBN 9791188343034

나카야마 치나쓰 글
야마시타 유조 그림
고상욱 옮김 | 고래이야기 |
2018 | 일본 그림책
34쪽, 189×257㎜
12,000원
ISBN 9788991941670

요헨 틸 글
라이문트 프라이 그림
이상히 옮김
이름다운사람들 | 2020
독일 그림책
40쪽, 200×200㎜
12,000원
ISBN 9788896135784

윤문주 글 | 이혜정 그림
사계절 | 2019
한국 어린이 교양
55쪽, 220×274㎜
15,000원
ISBN 9791160945041

평등한 나라

딸 인권 선언

아들 인권 선언

엄마 인권 선언

4짝만 곰이 사는 나라 에갈리타니아에서는 누구나 평등하다. 곰 한뒤에도 그렇게 나와 있고, 대통령도 청가지도 한목소리로 아라는 모두 평등하다고 말한다. 그런데 자세히 보면 어딘가 이상하다. 낙타이블 매고 자동차를 몰며 평등하다던 외쪽은 이들은 모두 파란 곰이고 유아차를 밀고 일곱을 짓는 이들은 모두 붉은 곰이다. 에갈리타니아는 얼을 평등한 나라일까?

요안나 올레히흐 글
에드가른 볼추 그림
이지원 옮김 | 풀빛 | 2018
풀빛의 그림책
68쪽, 230×280㎜
15,000원
ISBN 9791161720869

우리 가족 인권 선언 시리즈 국제앰네스티 추천 도서이다. 열다섯 개 조항이 선이 목록을 통해 여성 어린이들 엮임하는 서점 고저낸남을 비판한다. 어린이 독자들에게 나만의 인권선 목록을 만들어보록 하는 이를 가까이나 학교에서 공유해도 좋을 듯하다.

엘리자베스 브라미 글
에스텔 비용-스파뇰 그림
박정연 옮김 | 노란돼지
2018 | 프랑스 어린이 교양
40쪽, 178×249㎜
12,000원
ISBN 9791159950308

깨끗하고 향기 나고 아야하고 차분하고 얌전할 수 있는 권리. 비느질이나 뜨개질, 다림질, 정리정돈하는 법을 배울 수 있는 권리. '남자다운' 이름들답게에서 벗어나 나답게 살아갈 수 있는 이들이 열다섯 가지 권리가 조목조목 제시돼 있고 뜨끔하다. 이 채에서 제시하는 서역 고정관념을 놓고 가족 토론을 열어도 좋겠다. "울아드 군심아요"

엘리자베스 브라미 글
에스텔 비용-스파뇰 그림
박정연 옮김 | 노란돼지
2018
프랑스 어린이 교양
40쪽, 178×249㎜
12,000원
ISBN 9791159950315

서역할 고정관념과 편견에서 벗어나 자기답게 행복하게 살 수 있는 권리에서 엄마라고 예외는 아니다. 틀리거나 실패할 수 있는 권리, 솔로거나 아플 수 있는 권리, 사생활을 존중받을 권리, 자유롭게 자기 삶을 살 권리 등 열다섯 조항들이 사람은 단연한 권리라는 게 보탐다. 안내하는 엄마보다 자기답은 엄마들이 더 많아진 가족 구성원 구자가 더 자기다움에 가까이뎀에 머물 일이다.

엘리자베스 브라미 글
에스텔 비용-스파뇰 그림
박정연 옮김
노란돼지 | 2018
프랑스 어린이 교양
40쪽, 178×249㎜
12,000원
ISBN 9791159950322

아빠 인권 선언

가족이 일상생활에서 인권 문제를 흥미롭게 풀어 쓴 '우리 가족 인권 선언' 시리즈 네 번째 권으로 '아빠'의 권리 목록을 보여준다. 엄마를 '엄마라는'이름에서 벗어나 '평범한 인물 목록으로 될'수 있다'는 점에서도 시사하는 점이 있다. '엄마도 실수할 수 있고 쉬고 싶을 때도 있고 화날 수도 있다'는 것이다. 성역할 고정관념에서 벗어나 '엄마'의 권리 목록도 되고 솔직하거나 모든 어른들이 역할과 목에 대하여 지지와 격려를 보내는 유쾌한 선언문이다.

엘리자베스 브라미 글
에스텔 비용 스파뇰 그림
박정연 옮김
낮은책지 | 2018
프랑스 어린이 교양
40쪽, 178×249mm
12,000원
ISBN 9791159950339

나의 젠더 정체성은 무엇일까?

트랜스젠더, 시스젠더, 논바이너리라는 많이 어진 낯설게 느껴지는 이들을 위한 책. 다양한 젠더 정체성을 다채로운 모습의 어린이를 통해 설명한다. 그들이 자신의 젠더 정체성을 자연스럽게 받아들일 수 있도록 지지를 보낸다. 잦은 자면 안에 안정감과 자부심이 동시에 차오른다. 다양한 젠더 정체성에 대한 책을 읽을 읽을 가장 적절한 시기는 나중이 아닌 바로 지금이다.

테레사 손 글
노아 그라니그니 그림
조고은 옮김 | 보물창고
2020 | 한국 그림책
40쪽, 230×230mm
13,800원
ISBN 9788961707824

어린이를 위한 성평등 교과서

교과서라는 제목에서 느껴지듯 성평등에 대한 거의 모든 것을 담고 있는 책이다. 구어체의 친절한 설명과 보기 좋은 색감의 그림이 무거운 내용을 부담 없이 받아들이도록 돕는다. 우리나라의 사례도 보충 설명에 제시되어 더욱 흥미롭게 읽을 수 있다. 고학년에게 가득한 어른에게도 권유되는 책이다.

스테파니 두발 산드라 라부카리 글
이세진 옮김 | 라임 | 2020
프랑스 어린이 교양
104쪽, 170×256mm
12,000원
ISBN 9791189208691

성평등
: 성 고정관념을 왜 깨야 할까?

초등학생을 위한 페미니즘 입문서, 성평등 사회로 나아가기 위해 남녀에서야 할 성별 이분법, 성별 임금 격차, 여성 경력단절 등어, 성소수자 차별 같은 다양한 성차별 이슈를 어린이가 이해하기 쉽게 설명했다. 영화 '빌리 진 킹'가이기도 한 차이보다 주제마다 연결되는 영화를 소개하여 페미니즘 관점으로 영화를 관람하는 주제에 대해 더욱 깊이 생각하게 한다.

손희정 글 손미 그림
풀빛 | 2018
한국 어린이 교양
120쪽, 173×228mm
12,000원
ISBN 9791161720944

혐오와 인권

안녕, 내 이름은 페미니즘이야

나의 첫 젠더 수업

혐오는 미워하고 싫어한다는 뜻으로 해석할 수 있지만 여성 장애인, 외국인, 성소수자 등에 대한 혐오는 그저 미워하는 감정이 아니라 차별을 일으키고 인권을 해치는 사회적 문제를 일으킨다. 우리 사회에 만연한 혐오와 차별은 어떤 모습인지, 혐오가 만연한 시대에 우리는 어떤 자세를 가져야 하는지 이야기한다.

차정원 글, 염미숙 그림
풀빛 | 2019
한국 어린이 교양
128쪽, 180×245mm
12,000원
ISBN 9791161721446

성차별 이슈에 대하여 꼭 깊어야 할 풀어야 페미니즘 이론서. 막막하게 느껴질 수 있는 이론을 우리 정서와 어린이 독자 수준에 맞게 설명하여 누구나 편안하게 읽을 수 있다. 앞 어른과 어린이가 함께 읽고 생각을 나누는 더없이 좋은 책.

가닌순 글
백두리·하지영 그림
돋보줄니어 | 2018
한국 어린이 교양
172쪽, 152×190mm
12,000원
ISBN 9788972979234

많은 청소년들이 주요 관심사인 진로, 다이어트, 사랑, 가족 관계 같은 주제를 젠더 관점으로 바라보며 생각해보는 책. 자연스럽고 당연하다고 생각해왔던 것을 역사, 통계 자료를 바탕으로 재해석해 보면서 청소년기에 깊이 이해하면 비판적 사고 능력을 적극적으로 기른다. 저 그것하는 혐오를 넘어서도록 돕는다.

김고연주 글
창비 | 2017
한국 청소년 교양
204쪽, 148×210mm
12,000원
ISBN 9788936452278

미워하지 않는데 혐오인가요?

김소영(작가, 독서교육 전문가)

어린이책을 만든다는 이유로, 어린이와 책 읽는 일을 한다는 이유로, 나는 "아이를 좋아하시나 봐요."라는 말을 많이 들어왔다. 자녀가 없는 기혼 여성이면서 어린이를 대하는 일을 한다는 사실도 내가 '아이를 좋아하는' 것처럼 보이는 이유 중 하나일 것이다. 그런 말에는 뭐라고 대답해야 할지를 몰랐다. 내가 어린이를 좋아하는 것은 사실이지만, 선뜻 "네."라고 하기에는 석연치 않은 대목이 있었기 때문이다. 내가 '어린이를 좋아한다'라고 하면, 누군가는 '어린이를 좋아하지 않는다'고 말할 수도 있지 않은가. 어린이를 좋아하거나 싫어할 수 있는 존재로 여기는 것 자체가 사회적 약자인 어린이를 사회 구성원으로서 평등하게 생각하지 않는다는 뜻이다. 그러니 내가 어린이를 '좋아한다'고 말하는 것도 과연 정당한가 싶었다. 나 자신의 것이라 해도 '감정'에 대해 말하는 것은 늘 어렵고 조심스럽다.

성차별 문제에서 반여성적 편견을 뜻하는 '미소지니(misogyny)'를 '여성 혐오'라고 번역한 것이 널리 쓰이자, 일각에서 '남성 혐오도 있다'는 식으로 나왔다. 하지만 본디 미소지니는 그저 좋아하고 싫어하는 감정을 다루는 일상적인 용어가 아니라, 여성을 '차별, 무시, 배제'하는 사회적 기제를 말한다. 따라서 사회적인 여성 혐오에 대

180

웅하는 남성 혐오란 말은 성립할 수 없다. 이제 '혐오'는 장애인, 이주민, 성소수자 등 사회적 약자에 대한 차별을 지적하는 맥락에서 폭넓게 쓰이는 말이 되었다. 그러면서 때로 차별이라는 현실적 문제가 종종 감정싸움 뒤로 숨어 버리는 것 같다. 장애인을 차별하면서도 '장애인을 미워하는 것은 아니니까 혐오는 아니다.'라며 차별을 합리화하는 식이다.

오늘날 우리 사회의 '어린이 혐오'도 같은 방식으로 작동된다. 적어도 공식적으로 "나는 어린이를 미워한다." "나는 어린이가 불쾌하다." "어린이는 나의 적이다." 하고 말하는 경우는 거의 없다. 오히려 어린이를 "좋아한다"는 말이 더 자주 들린다. 여기에 단서가 붙을 뿐이다.

미디어는 '귀여운' 어린이를 좋아한다. 육아 예능 프로그램에서 보이는 어린이들은 재미있는 에피소드의 순진한 주인공이다. 외모도 행동도 사랑스러울 뿐 아니라 그들을 둘러싼 어른들도 함께 성장하는 것처럼 보여서 시청자도 만족한다. 그런가 하면 어린이 손님을 거부하는 곳, 또는 어린이가 없는 지역이라는 뜻의 '노 키즈 존'을 표방하고 옹호하는 사람들도 어린이를 미워한다고 하지 않는다. 그들도 '얌전한' 어린이는 좋아하기 때문이다. 다만 누가 얌전한지 아닌지 알 수 없어서, 또는 어린이는 괜찮은데 부모(주로 엄마)가 문제여서 어린이 출입을 막는다고 한다. 그러니 이것은 혐오가 아니고, 차별도 아니라고 한다.

어떤 운전자들은 '길에 나와 있지 않은' 어린이를 좋아한다. 그 길이 초등학교 반경 300m 영역, '스쿨 존'이라고 해도 마찬가지다. 이 구간의 신호등과 시속 30km라는 제한 속도를 받아들이기 어려워하고, 사망 사고가 발생해 가중 처벌받는 상황을 상상하는 것만으로도 분노에 떤다. 어린이를 미워하는 게 아니라 '통제할 수 없는 어린이'가 문제라고 말한다. 바로 그렇기 때문에 스쿨 존을 만들고 법률을 개정했다는 사실은 외면한다. 요즘은 어린이를 좋아하는 것을 넘어 선망하는 어른도 있다. 초보자를 '~린이'라는 합성어로 부르는 어른들이 그렇다. 자신들의 미숙함을 어린이에 빗대어 표현하는 것이 스스로에게 격려와 위로가 되는 것 같다. '어린이'라는 말 자체가 어린이를 차별과 억압에서 구해내자는 뜻에서 사용되기 시작했다는 사실을 지적해도 소용없다. 어린이를 혐오하기는커녕 오히려 좋아해서 그런 것이니 차별이 아니라는 것이다. 생각할수록 난감한 일이다.

유감스럽게도 어린이책에서도 '혐오'가 드러나는 방식은 비슷하다. 여자 어린이가 적극적으로 운동을 한다는 점이 반가운 동화를 읽다가 그 반대편에 설정된 '꾸미기 좋아하고 엄살이 심하며 생각이 없는 여자아이'를 발견한 적이 있다. 새로운 여자 어린이 캐릭터가 탄생하기 위해, 꼭 다른 여자 어린이가 적대적으로 그려져야 했을까? 장애가 있는 어린이는 당연히 친구가 필요한 것처럼 설정된 동화도 많다. 장애가 있는 어린이가 내향적인 성격이라거나 마침 다가온 친구가 마음에 들지 않을 수 있다는 점은 고려하지 않는다. 좋은 마음에서 다가가면 상대도 좋아할 것이라는 식인데, 우리가 알다시피 어떤 관계도 그렇게 일방적인 방식으로는 건강하게 맺어질 수 없다.

또 다문화 가정의 어린이는 '다양성'의 힘을 보여주는 존재로 묘사되곤 한다. 어린이가 '두 나라'의 이점을 모두 가지고 있다거나,

다른 나라 출신 어머니가 색다른 요리를 선보이거나 하는 식이다. 필리핀 출신 어머니의 영향으로 영어를 잘하는 친구를 보고 그간 무시해왔던 자신을 반성하는 주인공도 본 적이 있다. 그 전에 그 아이는 주인공뿐 아니라 다른 아이들에게도 따돌림을 당하는, 주눅 든 아이였다. 전형적이고 평면적으로 그려지는 이혼 가정 어린이, 빈곤층 어린이, 폭력 피해 어린이의 경우도 마찬가지다. 상황을 미화하거나 단순화함으로써 손쉽게 공감을 구하고 서둘러 갈등을 봉합하는 것이다. 부주의한 친밀함이 오히려 소수자를 대상화하고 혐오를 강화한다. 미워하지 않아도 혐오할 수 있는 것이다.

'혐오'는 현실 문제이다. 적극적인 행동으로 나타나기도 한다. 혐오 문제를 '좋아한다' '싫어한다'는 감정의 영역으로 두면 안 되고, 사회적으로 지적으로 더욱 민감하게 살펴야 하는 이유다. 이렇게 쓰면서도 나 자신이 어린이를 '좋아한다'는 사실에 어떤 입장을 취해야 할지 여전히 고민이 된다. 그래서 나는 어린이와 글쓰기를 할 때처럼 해보기로 했다. '좋아한다'는 말을 쓰지 않고 좋아한다는 사실이 드러나게 하는 것이다. 어린이를 사회 구성원으로서 존중하고 약자로서 차별당하지 않도록 도울 수 있는 일을 찾는 것. "아이를 좋아하시나 봐요."라는 말에는 "어린이 문제에 관심이 많아요. 그건 좋고 싫고와 상관이 없는 문제지요."라고 답해야겠다. 다움북클럽 목록에 있는 '혐오'와 관련된 책들을 정독하는 것도 좋은 방법일 것이다. 혐오가 무엇인지 알아야 스스로 혐오하고 있는지 아닌지 '알 수' 있다. 혐오의 대상이 되었을 때 문제를 인식하고 스스로를 지킬 수도 있을 것이다. 오늘의 어린이, 어른 시민에게 꼭 필요한 지적인 훈련이다.

미래가 있다

김현(시인)

이런 현재의 이야기로 시작해보면 어떨까.

국수주의에 찌든 러시아의 네오나치들은 '아큐파이 페도필리아'라는 조직을 만들어 성소수자 청소년들을 납치한 뒤 폭행하며 오줌을 뿌리고, 피해자들을 더욱 모욕하기 위해 그 영상을 유튜브에 올린다. 그리고 많은 이들이 그 폭력을 정당하다 믿고 있다.

지난 6월, '차별금지법 제정을 위한 국민동의청원'에 참여했다. 차별금지법을 '동성애법'으로만 여기는 이들에겐 의아한 일이겠지만, 이 국민동의청원을 등록한 이는 인생의 대부분을 기득권으로 살았다고 말하는 이성애자, 비장애인, 정규직 노동자였다. 다양한 정체성을 가진 나는 "누구나 배척과 혐오의 대상이 될 수 있다"고 하는 청원인의 말에 동의했다. 차별금지법 톺아보기는 차별이라는 힘이 어떻게 나와 타자에게 작용하는지 그 물질화를 살펴보는 일이다.

최근 종합건강검진을 받았다. 내가 다니는 회사에서는 복지 차원에서 본인은 물론 본인의 가족에게 고가의 건강검진을 할인된 가격으로 받을 수 있도록 하는데, 그 혜택을 받기 위해서는 가족임을 증명하는 서류를 준비해야 한다. 서류로 증명할 수 없으므로, 15년 동안 교제 중이며 8년째 함께 사는 내 동성 동반자는 가족일 수 없다. 이성애 중심주의와 정상가족 이데올로기에 기반한 이 '먼지 차별'은 기득권의 언어로써만 증명 가능한 '관공의 가족'에 되묻게 한다. 그 가족으로 과연 가족을 설명할 수 있는가. 그즈음 한 TV 다큐멘터리에서 보았던 자연스러운 광경은 위의 물음을 차별당하는 쪽이 아니라 차별하는 쪽이 대답해야 함을 알려주는 것이었다. 동성의 연인과 식을 올리고 생활 동반자가 된 김규진 씨는 혼인신고 서류를 접수하기 위해 동주민센터를 찾았다가 "이건 접수도 아니고 거부도 아니다"라는 말을 듣는다…… 차별당하는 사람의 말문을 막는 저 말을 나는 지금도 여전히 해석하지 못하고 있다.

설명할 수 없는 말로 설명하고, 해석할 수 없는 말로 대답하는 사회.

차별과 혐오를 스스럼없이 조장하는 기득권의 언어를 우리는 오래전부터 수도 없이 듣고 있다. 사회적 합의라는 말도 그렇다. 사회적 합의의 주체로 선택되고 또한 배제되는 이들은 과연 누구일까.

지난해 여름, 김 모 의원은 여성가족부의 '나다움어린이책' 사업으로 선정된 도서들 중 일부를 동성애 조장, 동성애 미화라는 이유로 문제 삼았다. ―이성애 조장과 이성애 미화는 문제 삼지 않았다.― "동성애나 성소수자들의 자기 개인 결정, 그 취향에 대해서 존중하고 차별받지 않아야 한다고 생각하지만, 차별하지 않아야 하는 것과 조장하는 것은 별개의 문제라고 생각합니다."라는 김 의원의 발언은 차별받지 않아야 하지만 차별한다는 기득권의 '차별 레토릭'에 불과했다. 그런데도 그 '죽은 말'은 다 같이 공존하며 살자는 '평등의 말'을 너무 쉽게 삭제했다.

다양한 분야의 아동 청소년 책 전문가들이 열과 성을 다한 심사

끝에 선정한 책들이 한 국회의원의 차별적 발언으로 시작된 '공격' 에 못 이겨 회수되었다는 사실은 두말할 필요 없이 코미디이지만, 그 과정에서 대화와 토론의 기회조차 없었던 것은 허망한 일이다. 그 사안은 의문의 의문을 거듭하면서, 누구의 목소리로 묻고 또한 누구의 목소리로 대답할 것인가를 질문하며 더 의미 있는 선택과 결정의 대답을 찾아갔을지도 모른다. 가령, 공교육 장에서 우리는 어떤 책을 청소년 도서로 선정하고 있는가. 청소년들은 학교 밖에서 어떤 콘텐츠를 경험하는가. 또한 공교육에서 정의하는 청소년으로 과연 모든 청소년을 설명할 수 있는가.

많은 청소년 출판물이 '한 학기 한 권 읽기'와 같은 채택과 선정, 추천 목록화에 목매고 있는 것이 사실이다. 그리고 그 과정에서 '합리적 이유 없이' 사전에 배제되는 것이 페미니즘이나 성소수자 인권 등에 관한 도서들이라는 것도 쉬이 부인할 수 없다. 가치 중립적이어야 한다는 이유의 속내를 괜한 논란을 만들고 싶지는 않다쯤으로 해석해도 무리는 없을 듯하다. 이러한 일련의 상황에 비춰보면 성별 고정관념과 편견 없이 나와 타인을 긍정하고 다양성을 존중하며 공존하는 가치를 담은 도서를 선정하고 알린 나다움어린이책 사업은 귀한 것이었다. 그 선정 작업은 누군가에겐 설명할 수 있는 말로 설명하고, 해석할 수 있는 말로 대답하는 것이었을 테다.

학창 시절 나는 그런 책들을 추천받지도, 구해 읽지도 못했다. 그래서 차라리 그런 글을 내가 써보자 마음먹었더랬다. 작가로서 생각하면 다행스러운 일이지만, 그 시절에 내가 내 또래의 남자가 남자를 좋아하면서도 자살을 꿈꾸지 않고, 내 또래의 여자가 여자와 당당히 손잡고 미래로 향하는 이야기를 접했더라면, 나는 차별당하는 사람의 말문을 막는 말에 주눅 들지 않는 성장의 언어를 조금 더 일찍 발견했을지도 모른다. 그렇기에 '라떼와는' 다르게 오늘의 많은 청소년이 또래 성소수자들의 다채로운 성장담을 접할 수 있게 되었다는 사실은, 국회에 바랄 수 없는, 기득권의 언어에 기댈 수 없는 희망의 이야기를 그들이 이미 쓰고 있음을 확인하는 일이다.

얼마 전, 청소년 퀴어 로맨스 단편집《그래서 우리는 사랑을 하지》(무지개책갈피 엮음, 2021)에 필자로 참여했다. 두 게이 소년이 아웃팅에 대한 공포 때문에 자신들의 집과 학교, 친구와 가족으로부터 멀리 떨어진 곳을 데이트 장소로 삼으면서 벌어지는 사건을 다룬 작품이었다. 두 사람은 여느 청소년들과는 다르게 '사랑의 비밀'이라는 재난을 함께 극복하기 위해 애쓴다. 이 소설을 구상하고 쓰면서 나의 학창 시절을 자연히 떠올렸고, 동시에 성소수자에 대한 혐오와 차별이 극에 달아 있는 대한민국에서 십대 시절을 보내고 있는 퀴어 청소년들을 생각했다. 그때나 지금이나 성소수자의 현실은 크게 달라지지 않았다. 오늘날에 들어 더한 암흑기에 접어들고 있다는 느낌은 기분 탓만은 아닐 것이다. 그렇다고 해도 내 소설에는 가열된 혐오와 차별 속에서도 나다움을 잃지 않고자 고군분투하는 아주 구체적인 청소년들의 모습이 포함되어 있다. 그러고자 애썼다. 노력하고 싶었다. 결국, 두 소년은 자신들의 사랑을 세상 사람들에게 당당히 내보인다. 사랑이 재난을 극복한다. 청소년 퀴어 당사자가 내 소설을 읽는다면 "시작했으니까 두려움 없이" 그 사랑의 가능성을 믿게 되면 좋겠다 싶었다.

또한 내 소설을 당사자가 아닌 이가 읽게 된다면 혹시, 하고 자신의 주변을, 친구를, 가족을 살펴봐 주길 바랐다. 나와 가까운 누군가도 매일 이런 재난을 맞닥트리고 있는 건 아닐까 생각해주길 소망했다. 두 게이 소년의 사랑을 응원하는 밝고 명랑한 '퀴어 앨라이'를 소설 속에 등장시킨 것도 그런 이유에서였다.

나는 소설을 통해 동성애를 미화하지 않았다. 내가 미화한 것은 오히려 성소수자들의 현실일 것이다. 많은 청소년 성소수자들은 아직도 여전히 두려움과 절망 속에서 하루하루를 보낸다. 위기 상황에 놓인 청소년 성소수자를 지원하는 '청소년 성소수자 위기지원센터 띵동'의 상담 보고(2019년)에 따르면 13세부터 전 연령대의 청소년들이 가족 내에서 갈등을 겪고, 방임이나 폭력 등의 학대 피해를 호소했다고 한다. 가족 내 갈등, 폭력 상황에 놓인 내담자의 약 22%에게서 자살 위기 및 자해 이슈가 발견되었다고도 한다. 현실에서는 불가능해 보이는 것들을 현실적으로 그려 보여주는 것. 그리하여 누구나 그 가능성을 꿈꾸도록 하는 것. 어쩌면 많은 아동청소년 문학 작가들이 조성하려는 것은 밝게 빛나는 미래에 대해 꿈꾸기일 것이다. 전진하지 않고 후퇴하는 현실의 이야기를 바꿔 쓰는 사람. 그 행동하는 몽상가를 작가라 달리 부르는 것이기도 하리라.

오랫동안 성소수자 해방에 헌신한 운동가 피터 태철(Peter Tatchell)은 세상을 있는 그대로 받아들일 수 없다면 당신이 원하는 세상을 꿈꾸라고 말한다. 그리고 덧붙인다. 꿈이 생겼으니, 이제 나아가자고.

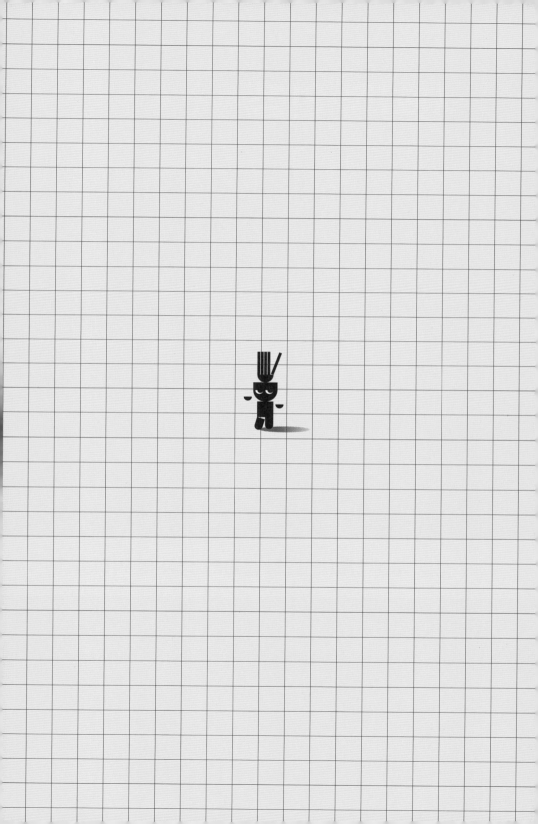

사회적 인정

"내 자신의 아픔 속에서 고통받는 모든 자들의 아픔을 느끼는 것.
그들을 위해 싸우며 살아야 한다는 다짐 속에서 용기를 끄집어내는 것."

—《프리다》(세바스티앵 페레즈, 뱅자맹 라콩브) 중에서

내용을 다루는가?

인정영역

평가, 보상하며

사회적교환

Q20 인물에 관한 평가와 보상의 기준이 성별 차이 없이 적용되나요?

누구나 자신의 노력이 공정하게 인정받기를 원합니다. 그런데 성별에 따라 평가 기준이 다르다면 적극적으로 자기 꿈을 펼쳐가기가 쉽지 않겠지요. 성별 고정관념을 넘어 각자의 성취에 따라 공정하게 인정받는 일의 중요성을 드러내는 어린이책을 소개합니다.

Q21 여성 인물의 사회적 기여를 현실적으로 보여주나요?

지금까지의 인물 이야기는 남성 인물의 업적 위주로 소개되었습니다. 여성의 사회적 지위가 낮았기 때문에 여성 인물이 이룬 성취는 상대적으로 덜 중요하게 평가하거나 심지어 일부러 감추기도 했지요. 새롭게 발굴되어 우리 앞에 나타난 여성 인물들을 소개합니다.

옥수수를 관찰하세요

: 여성 유전학자 바버라 매클린톡의 생각

어릴 때부터 '여자다움'이라는 편견에 당당하게 맞섰던 바버라 매클린톡은 옥수수 유전자 연구에 몰입하고 단단히 야무진이 젊었과 상처에 전면으로 도전했다. 연구 대상에 대한 믿음, 생명의 신비로움에 대한 열린 자세로 연구에 과학이 새로운 기능성에 관한 논의이 좋음이 되기도 했다. 대놓이 결림은? 여든한 삶에 노벨 생리·이학상을 수상함으로써 매클린톡이 온다.

엎드려 관찰하고 자세히 그렸어요

: 곤충을 사랑한 화가 마리아 메리안

여자는 예쁘게 차려입고 우아한 몸놀림을 가져야 한다고 가르치던 17세기에 태어난 메리안 그는 당시 여성에게 전혀 맞지 않는 행동을 하고 다녔다. 곤충을 관찰하느라 흙바닥에 앉고 덤불을 잡아 관찰하고 그것을 세밀화로 그렸다. 여성에게 허락되지 못해 몸담하게 벗어 던지고 당당히 자신의 전문성을 키운 마리아 메리안의 이야기가 펼쳐진다.

놀라지 마세요, 도마뱀이에요

: 파충류를 사랑한 여성 과학자 조앤 프록터 이야기

파충류 과학자 조앤 프록터에 관한 그림책 몸이 약해 학교에 가지 못하며 여성이 사회 진출이 힘든 사회였지만 조앤은 연구에 열정을 잃은 마저 마침내 성과를 인정받는 여성 과학자인 삶이 과정이 흥미진진한 색채로 발랄하게 그려진다.

동물학자 템플 그랜딘

어려울 적 자폐증을 앓아 힘들어했지만, 그 누에 남다른 눈으로 동물을 관찰하며 동물 복지에도 힘쓴 여성 동물학자 템플 그랜딘이 이야기를 담아냈다. 거의 눈으로 세상을 바라보는 방식을 간접 경험하게 하는 글과 그림이 인상 깊다. 사회가 서로보다 인물이 삶과 에너지에 집중한 면이 더욱 큰 울림을 준다.

크리스티아나 풀지넬리 글
엘리그라 알리몬디 그림
김완수 옮김 | 책속물고기
2019
이탈리아 인물 이야기
108쪽, 152×210㎜
11,000원
ISBN 9791163270218

김주경 글·그림
세드북 | 2020
한국 인물 이야기
40쪽, 220×307㎜
12,000원
ISBN 9791160513172

패트리샤 밸디즈 글
펠리시타 사라 그림
김경희 옮김 | 꼬마이음
2018 | 미국 인물 이야기
40쪽, 216×280㎜
12,000원
ISBN 9791158710750

줄리아 핀리 모스카 글
다니엘 리멀리 그림
김성묵 옮김 | 세드북
2018 | 미국 인물 이야기
48쪽, 250×250㎜
12,000원
ISBN 9791160512038

이 뼈를 모두 누가 찾았게?

: 최초의 고생물학자 메리 애닝

공룡은 늘이 남자아이들이 좋아하는 생물이라는 고정관념이 존재한다. 화석을 발굴하는 고생물학자들이 이미지를 상상해 보아도 그렇다. 그러나 최초로 공룡 화석을 발견하고 고생물학의 기초를 마련한 것은 메리 애닝이라는 여성 과학자다. 공룡을 좋아하는 어린이라면 치마를 읽은 채 조사 맞자를 들고 쪽쪽을 기어우르는 메리 애닝의 멋진 뒷모습을 따라가 보자.

린다 스키어스 글
마르타 미겐스 그림
김승호 옮김
씨드북 2020
미국 인물 이야기
48쪽, 220×307㎜
12,000원
ISBN 9791160513691

바다를 존중하세요

: 여성 해양학자 실비아 얼의 생각

"나는 언제나 물이 좋았어요." 바다를 탐험하고 연구한 해양과학자(이자 환경운동가) 실비아 얼의 어린 시절과 성장 과정을 일인칭으로 서술한 인물 이야기이다. 미지의 세계인 바다를 탐험하는 것보다 여자(라) 것이 바다는 어울리는 않는다는 편견의 고정 맞자는 일이 더 어려웠던 실비아 얼의 삶을 통해 용기와 호기심 자연에 대한 진중한 경외심을 배울 수 있다.

키아라 카르미나티 글
마리아키아라 디 조르조 그림, 김현주 옮김
책속물고기 2018
이탈리아 인물 이야기
116쪽, 152×210㎜
11,000원
ISBN 9791163270003

해저 지도를 만든 과학자, 마리 타프

깊은 바닷속 땅의 모습을 종이에 그려낸 과학자 마리 타프의 이야기. 여성을 태운 배는 운이 나쁘니 근처는 탈 수 없다는 편견 가득한 주변의 반응에도 기죽지 않고 거대한 바다 지형을 탐구한 마리 타프의 씩씩한 모습이, 거친 표면이 종이에 그려낸 그림과 참 어울린다. 마리 타프의 해저 지도 낟막에 대해 이동의 힘을 잊지 말아야 할 사실이다.

로버트 버레이 글
리믄 클로드 그림
김은하 옮김 | 비롱소
2019 | 미국 인물 이야기
40쪽, 216×327㎜
12,000원
ISBN 9788949182650

마거릿, 아폴로호를 부탁해

: 마거릿 해밀턴 이야기

아폴로 11호를 달에 착륙시키기 위해 컴퓨터 프로그래밍한 마거릿 해밀턴 이야기. 해밀턴이 아폴로 11호가 달에 착륙할 때 일어날 수 있는 모든 과정을 추측하다 가 사용에 맞는 비행 제어 프로그램을 짰다. 그가 아니었다면 인류의 역사에서 달 착북이라는 단어를 찾아보기 힘들었을 것이다.

딘 로빈스 글
루시 나이숨리 그림,
고재있 옮김
청어람아이 2019
미국 인물 이야기
40쪽, 216×280㎜
12,000원
ISBN 9791158711078

세계 최초의 프로그래머 에이다 러블레이스

마리 퀴리

눈만 뜨면 눈 걱정

: 안과 의사 패트리샤 배스

아멜리아 에어하트

여자가 과학자가 되기란 상상도 할 수 없었던 19세기, 여성 과학자 에이다 러블레이스가 남긴 놀라운 업적에 대한 이야기다. 에이다 러블레이스는 여성은 수학, 과학을 하지 못하는 편견을 넘어 가온시 연구를 지속하고, 마침내 컴퓨터가 발명되기 훨씬 오래전에 컴퓨터 프로그래밍이라는 아이디어를 고안해 낸다. 편견에 맞선 맞먹거리는 아이들에게 영감을 주는 책이다.

로리 왈마크 글
에이프릴 칠루 그림
김충한 옮김 | 두레아이들
2017 | 미국 인물 이야기
54쪽, 204×254㎜
11,000원
ISBN 9788991550827

마리 퀴리의 일생을 시간의 순서에 따라 담담하게 말하고 그린 책이다. 인물 책에서 흔히 나타나는 호들갑스러운 서술이나, 여성의 업적을 숙여해서 전달하는 흔히도 따분치 않는다. 여성이자 이방인이데도 꿋꿋하게 자신의 연구에 몰두한 마리 퀴리의 삶이 매 장면 한 편의 작품 같은 액자에 담겨 있다.

이렌 코엔-장카 글
클라우디아 팔마루치 그림
이세진 옮김
그레이트북스 | 2020
이탈리아 인물 이야기
96쪽, 165×265㎜
17,000원
ISBN 9788927198808

미국 사회에서 소수자 중의 소수자라는 가난한 흑인 여성 패트리샤 배스 그러나 사랑에 굴하지 보다는 목표를 이루겠다는 집념으로 직장에서 성공하여 안과의사가 된다. 사회적 성공뿐만 아니라 좋은날 자신과 같은 빈곤 계층이나 시각장애인을 위한 치료를 개발한 진료에 앞장서는 모습이 이름답다.

줄리아 핀리 모스카 글
대니얼 리벨리 그림
김상호 옮김 | 씨드북
2018 | 미국 인물 이야기
46쪽, 250×250㎜
12,000원
ISBN 9791160512243

대서양을 건넌 최초의 여자 조종사 아멜리아 에어하트의 놀라운 모험 이야기. 끊임없이 도전하고 목표를 이루는 아멜리아의 모습은 독자들에게 강력한 도전정신과 진지움을 선사한다. 또한 상상의 이야기 비행기에서 바라보았던 지구는 어떤 모습이었을지 상상력을 자극한다.

이사벨 산체스 베가라 글
마리아디아만테스 그림
박소연 옮김 | 달리 | 2018
스페인 인물 이야기
36쪽, 195×240㎜
10,000원
ISBN 9788859983681

자하 하디드

나의 과학자들

아스트리드
린드그렌

펜으로 만든 괴물

: 메리 셸리는 어떻게
프랑켄슈타인을
만들었을까요?

어떤 분야든 새로운 길을 개척해나간 사람은 모두의 귀감이 된다. 여성이 배제되었던 건축 분야에서 자하 하디드가 어떻게 길을 개척했으며 세상이 편견을 이겨냈는지, 그 과정을 상세하게 보여준다. 건축을 꿈꾸는 어린이뿐만 아니라 새로운 도전을 앞둔 모든 어린이에게 용기를 불어넣어 주는 책.

과학 논픽션 전문 필자인 이지유 작가가 자기 삶이 쉽고 재미난 언니라서 쓴 세계의 여성 과학자 29명이 이야기. 실제 스크린으로 직접 찾아간 과학자들이 엄굴 이미지가 한 뭐 한 뭐 공통한 인상을 남긴다. 인물이 서재에만 초점을 두지 않고 연구하는 삶과 업적을 구체적으로 다룬다. 과학은 자신과 멀다고 생각하던 여성 어린이들이 주저하지 않고 미래를 계획할 수 있도록 용기를 준다. 책이 책의 이름답게 길이 있으며 풍부한 서울이 돋보인다.

스스로의 삶이라는 이야기로 작가가 되기로 한 아스트리드 린드그렌 이야기. 린드그렌이 쓴은 《삐삐 롱스타킹》의 저자 그 이상의 이미를 지닌다. 여성이 시도인들이 곳시나된 격동기에 온몸으로 자기 삶이 주체성을 찾기 위해 노력한 린드그렌의 인생을 통해 사회적 차별에 맞서는 자세와 용기를 배울 수 있을 것이다.

19세기 영국 작가 메리 셸리가 《프랑켄슈타인》을 창작하게 된 순간의 이야기를 환상적인 느낌으로 그려낸 그림책이다. 천재이면서 여권운동가인 메리 울스턴크래프트의 딸로 태어나 엄마처럼 작가가 되기를 꿈꾸던 젊은 메리 셸리의 모습에 대한 영감을 느낄 수 있다.

빅토리아 테들라·그림돌로
글·그림, 이순영 옮김
북극곰 | 2021
미국 인물 이야기
48쪽, 274 × 230mm
14,000원
ISBN 9791165880163

이지유 글·그림
키다리 | 2020
한국 인물 이야기
88쪽, 178 × 225mm
13,000원
ISBN 9791157853007

마리아 이사벨 산체스
베가라 글, 린지 현타 그림
박소연 옮김 | 달리 | 2021
스페인 인물 이야기
36쪽, 195 × 240mm
10,000원
ISBN 9788959984282

린 플롤린 글
펠리시타 살라 그림
전진경 옮김 | 씨드북
2019 | 미국 인물 이야기
44쪽, 240 × 265mm
12,000원
ISBN 9791160512755

나, 화가가 되고 싶어!

거미 엄마, 마망

: 루이스 부르주아

프리다

진실을 보는 눈

: 기록하는 사진작가 도로시아 랭

약사님은 아버지가 일찍 돌아가시자 어머니를 도왔고, 결혼하고서는 살림을 하고 아이를 기른다가 마흔에 그림을 그리기 시작한다. 한국의 대표적인 여성 화가인 윤석남의 삶을 바탕으로 만든 작품으로 자신이 처한 조건에 굴복하지 않고 꿈을 좋아 자기를 비롯한 여성의 삶을 표현한 화가의 모습이 생생하게 그려져 있다.

거대한 거미 조각상으로 잘 알려진 세계적인 조형 예술가 루이스 부르주아인 어린 시절을 그린다. 어머니의 태피스트리 작업에서 예술적 영감을 받아 마침내 '마망'이라는 위대한 예술작품을 만들 때까지, 여성 예술가의 삶이 풍부한 감성과 춤의 색조로 한 그림으로 아름답게 펼쳐진다.

여성 화가인 프리다 칼로의 인물 이야기 중에서 압도적으로 이름답다. 예술적인 작품이다. 좋았은 주제를 하나씩 단면서 그의 일생이 어떤 의미에서 하면적이었는지를 살펴본다. 여성과 예술인에 대한 편견이 가득한 세계에서 꿋꿋한 사고까지 꺾지만 그 그림을 예술로 풀어낸 프리다 칼로의 전시회 인물 색채와 형태를 고스란히 느낄 수 있다. 강렬한 감동을 안겨준다.

늘 사람을 향하고 있는 카메라 렌즈의 어떤 사람이 들어 있을까. 사진작가 도로시아 랭은 처음에는 사진관에서 인물 사진을 찍으며 유 유하게지 도든 돼있지만 아프고 힘든 사람들의 이야기를 담기로 삶의 마음에 세상 밖으로 나온다. 기가 사진으로 기록한 힘든 이웃의 삶은 큰 울림을 주며 세상을 변화시켰다. 사진에 담긴 진심이란 무엇인지 생각해볼 기회를 준다.

윤여림 글·정현지 그림
웅진주니어 | 2008
한국 인물 이야기
44쪽, 225×282㎜
11,000원
ISBN 9788901088082

에이미 노보스키 글
이자벨 아르스노 그림
이성모 옮김 | 씨드북
2017 | 미국 인물 이야기
48쪽, 228×280㎜
12,000원
ISBN 9791160510676

세바스티엥 페레즈 글
벵자맹 라콩브 그림
이난희 옮김 | 보림 | 2017
프랑스 인물 이야기
74쪽, 280×310㎜
30,000원
ISBN 9788943310998

바브 로젠스톡 글
제라드 듀보아 그림
김혜진 옮김 | 책속물고기
2017 | 미국 인물 이야기
40쪽, 215×280㎜
12,000원
ISBN 9791186670668

꽃할머니

권윤덕 글 · 그림
사계절 | 2010
한국 그림책
48쪽, 250×245㎜
12,000원
ISBN 9788958289098

들판에서 언니와 나물을 뜯다가 13살 어린 나이에 일본 군대에 끌려가 위안부가 되었던 꽃할머니. 일본군 위안부 이야기는 인간이 전쟁 중에 얼마나 비인간적일 수 있는지 보여준다. 피해자 심달연 할머니의 증언을 바탕으로 만들어졌는데, “지금도 끊임없이 지구 곳곳에서 전쟁이 일어난다.”는 문장과 고통받는 전 세계 여성의 모습이 강력한 반전 메시지를 전한다.

메리는 입고 싶은 옷을 입어요

키스 네글리 글 · 그림
노지양 옮김 | 원더박스
2019 | 미국 인물 이야기
41쪽, 276×238㎜
13,000원
ISBN 9788998602956

여성은 코르셋으로 몸을 조이고 레이스가 잔뜩 달린 치마를 입어야 했던 시절에 바지를 입고 거리를 활보했던 메리의 이야기다. 바지 입은 메리를 보고 동네 사람들은 너도나도 여자답지 않다고 손가락질하지만, 가족들의 지지를 얻은 메리는 여기에 굴하지 않는다. 1832년 뉴욕에서 태어나 의사와 군의관으로 활약했던 메리 에드워즈 워커의 이야기로, 복장의 자유, 몸의 권리에 대해서 생각하도록 돕는 그림책이다.

나는 반대합니다
: 행동하는 여성 대법관 긴즈버그 이야기

데비 레비 글
엘리자베스 배들리 그림
양진희 옮김
함께자람 | 2017
미국 인물 이야기
40쪽, 216×279㎜
12,000원
ISBN 9788909203371

긴즈버그는 일찍이 ‘예스’를 강요하고 순종적인 여성상을 당연시하던 사회에 반기를 들었다. 오른손 글쓰기를 강요당한 어린 시절부터 고용 차별을 겪은 젊은 시절, 그리고 대법관이 되어 여성, 흑인 노동자를 비롯한 온갖 소수자를 위해 소신 있는 의견을 내기까지, 언제나 목소리 높여 ‘나는 반대합니다!’라고 주장하며 변화를 이끌었던 긴즈버그의 강렬한 삶이 빼곡 담겨 있다.

에멀린 팽크허스트

리즈베스 카이저 글
아나 산펠립포 그림
박소연 옮김 | 달리 | 2018
스페인 인물 이야기
36쪽, 195×240㎜
10,000원
ISBN 9788959983650

영국의 여성 참정권 운동을 이끌었던 에멀린 팽크허스트 이야기. 어려서부터 정의로운 일을 하는 사람이 되고 싶었던 에멀린은 성차별을 없애기 위해 여성에게 투표권이 필요하다고 여기고 사회운동에 뛰어든다. 세상은 아무런 변화도 없어 보이고 수차례 감옥에 갇히며 남편까지 잃어 힘든 상황이었지만, 에멀린은 포기하지 않는다. 말 대신 행동으로 세상을 바꾼 에멀린의 이야기가 감동을 준다.

이태영

공지희 글, 민은정 그림
비룡소 | 2013
한국 인물 이야기
80쪽, 152×214㎜
9,500원
ISBN 9788949129327

여성에게 마땅한 책임만 부여되고 권리는 없는 현실에 부당함을 느낀 이태영은 32살에 여성 최초로 서울대학교 법과대학에 들어가고 여성 최초로 사법고시에 합격해 여성 최초 변호사가 된다. 그 뒤로 고통받는 여성들을 위해 여성 법률 상담소를 세워 무료 법률 상담을 하고, 여성에게 불합리한 법을 바꾸기 위해 힘쓴 운동을 펼치기도 했다. 한국 사회의 여성 인권 향상과 민주화에 기여한 이태영의 일대기가 펼쳐진다.

진실은 힘이 세다
: 흑인 여성 언론인
아이다 웰스 이야기

월터 드레이 글
스티븐 앨콘 그림
씨드북 | 독비 | 2016
미국 인물 이야기
48쪽, 250×312㎜
14,000원
ISBN 9788974402716

가난한 어린 시절을 보내면서도 책읽기를 좋아하고 소설가를 꿈꾸던 아이다 웰스는 잡지에 자기 경험을 진솔하게 담은 글을 쓰면서 야망해지기 시작한다. 본격적으로 언론인이 되어서는 위험을 무릅쓰고 흑인에게 짙은 폭력을 가하는 린치 사건을 다룬다. 흑인 인권 운동에 앞장섰다. 펜으로 차별에 맞선 용감한 여성 언론인의 이야기가 펼쳐진다.

최은희

김해원 글, 한지선 그림
비룡소 | 2012
한국 인물 이야기
84쪽, 152×214㎜
9,500원
ISBN 9788949129303

최은희는 학생 시절 3.1 만세 운동에 참여하다가 투옥되기도 하고, 굳이나 우리나라 민간 신문 최초의 여성 기자가 된다. 기자 시절에는 분장이나 잠입도 마다하지 않고 소외된 사회 구석구석을 취재했으며, 나중에는 여성 운동가이자 여성 독립운동사를 정리하는 작가로도 활동한다. 죽기 전 재산으로 최은희 여기자상을 제정해 여성 언론인의 역할과 사명을 가르친 최은희의 삶이 펼쳐진다.

홍계월전

백승남 글, 조선화 그림
마음이음 | 2019
한국 동화
140쪽, 152×215㎜
11,000원
ISBN 9791189010065

조선 후기 고전소설이며, 여성 영웅 서사로 유명한 〈홍계월전〉을 지금 어린이 독자에게 알맞은 동화로 재탄생했다. 홍계월은 뛰어난 용맹과 무예로 전쟁에서 누구나 알아줄 공을 세우고, 조정에 나가 첫 여성 관리에 오르기까지 한다. 잠군과 남녀를 현실을 넘나드는 홍계월 이야기에 담긴 그 숱한 남녀평등에 대한 염원이 오늘날 어린이 독자에게도 전해질 것이다.

멋지고 당당한 조선의 여인들
: 옛 여인들의 생각 이야기

태극기를 든 소녀

나는 여성이고 독립운동가입니다

싸우는 여자들, 역사가 되다

역사책에 거의 등장하지 않는 조선시대 여성들이 세운 그켜만하을 통해 소개하는 책. 솜약, 하나같이 매홈, 품성 조예, 갖추었다. 검음원까지, 자기 세구음 갈무 담근 여성 인물이 삶을 이들이 직품과 함께 도림으면다. 담당했던 조선시대에 여성이 삶가 전체성이 한 가지로 그켜온 것은 아님을 독인할 수 있다.

홍인숙 글, 장명혜 그림
위즈덤하우스 | 2018
한국 인물 이야기
192쪽, 173×230㎜
11,000원
ISBN 9788962479287

손가락을 접근하며 항의 이자를 단지 독립운동가를 떠올러보자. 인중근 많고 남자를 열사를 앞가나 기억해내는 사람이 있을까? 교과서에도 자세히 소개되지 않은 여성 독립운동가 6인이 엮주인이 이야기가 실려 있다. 보기 좋은 편지 구성과 친절한 이야기 남시이 어린이 독자들에게 적합하다.

황동진 글, 박미화 그림
그래픽노블스 | 2019
한국 인물 이야기
138쪽, 160×220㎜
13,000원
ISBN 9788927192428

여성 독립운동가이 존재는 늘 그늘에 가추어져 있었다. 이 작품 속에서 우리는 그들이 이름을 새롭하게 만날 수 있다. 독립운동이 활동과 편아에 따라서 일곱 가지 영역으로 나누고 모두 묻 개의 목차를 통해 그들이 삶을 재쪼하고 평가한다. 독립을 이끈 인물 가운데 여성이 얼마나 많아에 어떤 면에서 좋았은 역힘을 했는지 제대로 이해하도록 돕는 책이다.

서윤주 글, 장명혜 그림
우리학교 | 2019
한국 인물 이야기
224쪽, 148×210㎜
13,500원
ISBN 9791187050841

권기옥, 김마리아, 김명시, 남자현, 정정상 이화림, 박차정, 김독전 등 여성 독립운동가 14명이 삶을 글과 그림으로 구성한 책. 한국 여자주이 미술이 역사로 불리는 윤석남 화백이 그동인 제대로 조명반지 못했던 여성 독립운동가들이 삶을 조상화로 생생하게 복원했으며, 이와 함께 작가 김이경이 인터뷰, 다큐, 편지 형식 등으로 인물들 이야기를 다채롭게 펼쳐냈다.

김이경 글, 윤석남 그림
한겨레출판 | 2021
한국 인물 이야기
304쪽, 120×200㎜
15,000원
ISBN 9791160404593

체공녀 강주룡

내일을 위한 내 일

일제강점기 간도와 평양을 무대로 실존 인물 강주룡의 일대기를 그렸다. 남녀 중심의 신문 사회면에서 '사내보다 기백 좋은 간난 주룡'은 자존을 지키기 위해 투쟁하고 선택하는 삶을 산다. 그 길의 끝에서 주룡이 올라간 지붕에 올랐을 때, 작가는 비로소 '자기 사람'이 있다고 말한다. 최초의 고공 농성 노동자 강주룡의 곁지 않은 삶이 함께 아름다운 문장으로 되살아나면서 읽는 재미까지 더한다.

박서련 글 | 한겨레출판
2018 | 한국 소설
256쪽, 150×210㎜
13,000원
ISBN 9791160401745

인터뷰에서 자신의 방식으로 버티고 존재하는 여성들이 인터뷰를 먼 책이다. 일곱 명의 인물들은 각기 다른 분야에서 일하지만 인터뷰를 읽다 보면 공통적으로 느껴지는 단단한 힘이 있다. 어떤 직업을 가져야 할지 고민하는 사람에게도, 혹은 이미 직업이 있는 사람에게도, 일이란 무엇인지 다시금 되돌아보게 한다.

이다혜 글 | 창비 2021
한국 에세이
228쪽, 128×188㎜
14,000원
ISBN 9788936459413

일하는 사람 만나며 내 직업 찾아가기

이다혜(《씨네21》 기자·작가)

나는 한 달에 한 번 한국영상자료원과 서울시청소년미디어센터 스스로넷과 함께 '스텝 바이 스탭(Step by Staff)'이라는 유튜브 라이브를 진행한다. 영화계 각 분야의 스태프를 매달 한 분씩 모시고, 일을 시작했던 때부터 현재 일하는 방식까지 폭넓게 듣는 프로그램이다. 영화 〈엑시트〉의 이상근 감독, 〈아가씨〉로 칸국제영화제의 기술상인 벌칸상을 받은 류성희 미술감독, 〈기생충〉으로 아카데미시상식 편집상 후보에 오른 양진모 편집감독, 넷플릭스 시리즈 〈인간수업〉에 참여한 엄혜정 촬영감독, 영화 포스터와 시나리오북 등을 제작하는 디자인 회사 프로파간다의 최지웅 실장을 포함해 다양한 직군의 영화계 스태프들을 만난다. 유튜브 라이브 시청은 사전에 신청을 받는데, 영화 관련한 일을 하고 싶어 하는 청소년들이 최우선이다. 기회가 닿을 때는 사전 신청한 청소년 중 한두 사람을 현장에 초청해 질문할 기회를 준다.

2021년 5월에는 류성희 미술감독과 라이브를 진행했는데, 사전 신청자가 900여 명이어서 질문이 많이 쏟아졌다. 라이브가 종료된 뒤에도 현장에 초청받은 두 학생과 촬영 스태프로 일하는 학생들까지 질문을 쏟아내는 모습을 볼 수 있었다. 이 프로그램의 가장 흥미로운 부분은 특수분장이라든가 VFX(특수 효과) 전문가, 영화 제작자 등 어렴풋하게 그 존재만 알던 사람들이 실제 어떻게 일하는지 들을 수 있다는 데 있다. 영화에 관해 다룰 때 감독과 배우, 작가 정도를 제외하면 잘 노출되지 않기 때문에, 다른 직군은 그 존재를 알기도 어려워서 시작된 기획이다. 〈어벤져스〉 시리즈를 포함한 마블 영화들은 영화가 끝난 뒤 모든 스태프의 이름이 나열되는 '엔딩 크레딧'만 10여 분에 이른다. 할리우드 영화라는 꿈의 산업을 지탱하는 사람들의 목록이며, 온갖 직업의 향연이다.

'장래 희망'이라는 것을 학교에서도 집에서도 자주 질문하는 나라치고는, 대한민국에서 직업에 대한 폭넓은 정보를 얻기는 쉽지 않다. 어린이들이 인지하는 최초의 직업은 어머니와 아버지를 비롯한 가족의 직업이고, 그다음으로는 교육기관에서 마주치는 '선생님', 아플 때 만나는 '의사', 어린이 콘텐츠나 교과서 등에서 자주 다뤄지는 '경찰'이나 '소방관' 같은 것들이다. 그다음으로는 미디어에 노출되는 연예인들이다. 요즘은 유튜버나 웹소설 작가, 웹툰 작가도 인기 직업군으로 자주 언급된다. 이 직업들은 공통적으로 '십대의 눈에 잘 띈다'.

'장래 희망'을 적거나 답해야 할 때 아는 직업 내에서 선택하는 건 당연한 노릇이다. 문제는 그 소박한 선택지가 성인이 된 뒤라고 크게 달라지지 않는다는 데 있다. 아는 직업의 유형이 제한적이니 그중 가장 안정적인 직업(공무원)이나 가장 돈 잘 버는 직업(셀럽)으로 관심이 양분되는 듯 보인다. 이런 좁은 시야는 나아가 직업에 '대한' 생각마저 제한한다. 돈이냐 안정성이냐. 둘 중 하나를 고른 뒤 성적순이나 실력순으로 줄 세우기를 해버린다.

하지만 '일'은 누구나 자신의 일상을 유지하기 위한 돈벌이로 필요로 하는 것이다. 누구나 매일 집 밖을 나서면서부터 동네 커피숍의 바리스타, 버스 운전수, 가로등을 비롯한 각종 시설물 관리자와 마주친다. 어느 것 하나 하늘에서 뚝 떨어진 것은 없다. 집에서 눈을 돌려봐도 마찬가지다. 누군가가 돈을 벌기 위해 일을 한 결과로 우리는 그들의 노동의 결과를 구입하고 향유한다. 영화나 책 같은 엔터테인먼트 상품부터 컵이나 연필, 가위 같은 일상 물품, 또는 눈에 보이지 않는 사회의 '안전망' 역시 누군가의 직업으로 지탱된다. 〈생활의 달인〉 같은 TV 프로그램은 얼마나 많은 사람들이 묵묵히 매일의 노동을 재화로 교환하는 일을 하며 살아가는지 보여준다. 직업을 갖는다는 것은 많은 경우 선택이 아니라 필수이며, 내 능력이 닿는 곳에 얼마나 다양한 일이 존재하는지 아는 것은 그래서 중요하다.

나는 '직업'과 '일'에 대한 다양한 인터뷰, 저술 활동을 하는데, 그 과정에서 중점을 두는 핵심 질문은 '돈을 어떻게 벌까'와 '그 일은 어떤 가치를 창출하는가'다. 청소년들은 '할 수 있는 일과 하고 싶은 일' 두 가지 사이에서 뭘 하고 싶으냐는 식의 막연한 선택지를 두고 오랜 시간을 쓰는 경향이 있는데, 실제로 일하는 사람들을 보고 그들이 하는 말을 들으면 '다른' 선택지를 만들 수 있다. 때로는 당신이 어떤 사람인지 물어야 한다. 사람을 연결해주는 일에서 보람을 찾는 사람, 다른 사람의 재능을 잘 발견하는 사람, 혼자 일하고 싶은 사람, 계획을 세우는 일이 즐거운 사람, 열정적으로 행동부터 하는 편이 신나는 사람… 모두 제각각이다. 이야기를 만드는 직업을 예로 들면, 시나리오 작가와 드라마 작가, 등단 절차를 거친 소설가와 무료 연재 경험을 바탕으로 인터넷 플랫폼에서 연재하는 웹소설 작가는 모두 다른 방식으로 일한다.

내가 하고 싶은 일과 나의 개성을 연결 지어 어떤 선택지가 가능한지 탐색할 수 있다면, 내가 맺게 될 사회적 관계와 그 관계로부터 얻을 수 있는 사회적 인정을 더 적극적으로 계획할 수 있다. 놀랍게도 이 모든 일은 '그런 사람을 본 적이 있는가'로부터 촉발될 수 있다.

청소년들과 직업 관련한 이야기를 할 때 가장 많이 듣는 질문은 "전공을 꼭 해야 하나요?"다. 그 일이 무엇이든 전공을 하면 나름의 도움을 얻을 수 있지만, 더 많은 이들이 전공과 관계없이 일한다. 문과나 이과, 대학 학과 결정이 이후 인생의 모든 것을 불가역적으로 고정시키지 않는다. 이런 말을 해도 학생들은 근심을 좀처럼 거두지 않는다. 하지만 전공과 관계없이 해당 분야에서 일하는 사람을 보면 얘기가 달라진다. 영어를 못한다고 하소연하던 지인이나 이른바 '문과' 계열의 학부 과정을 마친 지인이 미국 테크기업에서 일하는 모습을 볼 때 내가 받은 충격도 그런 것이었다. 언제나 '안 되는 이유'를 떠올릴 때 내가 그동안 쌓아왔던 경험이나 '나다움'은 방해물이 되었다. 하지만 사람들이 실제로 일하는 모습을 보면? '나다움'을 바탕으로 무엇을 더 쌓아야 방향을 바꾸거나 심화할 수 있는지 조금씩 길이 보이기 시작한다.

직업을 갖는다는 말은 사회 구성원으로 인정받고, 나 자신을 경제적으로 책임진다는 뜻이다. 눈에 보이는 유형, 무형의 상품 너머에서 일하는 사람을 다양하게 볼 수 있을 때, 어린이부터 청소년, 성인에 이르기까지 다른 사람을 존중하고 나 역시 존중받을 수 있게 되리라. 그 일이 가능하도록, 어린이들이 더 다양한 '일하는 사람들'을 만날 수 있도록 하자. 누군가는 지금까지 없었던 새로운 길을 만들어낼 것이다.

더 폭넓은 인물 이야기를 찾아서

최현경(어린이책 편집자)

　서너 해 전, 볼로냐아동도서전과 런던 서점가로 출장 갔을 때였다. 이렇게 출장을 가면 그해에 전 세계에서 쏟아져 나온 어린이책 수천 종을 속이 울렁거릴 만큼 보게 되는데, 조금 과장해서 눈길이 닿는 책마다 '대세는 페미니즘'이라고 외치는 느낌이었다. 꿈꾸고 외치고 달리고 날아오르는 여자아이들이 각양각색의 어린이책에 담겨 있었고, 그중에서도 가장 눈에 띄는 책은 여성 인물을 다루는 그림책이었다. 먼저 시대를 선도한 여성 인물 50인을 아름다운 초상화와 함께 짤막한 열전 형식으로 소개하며 세계적 열풍을 일으킨 《Good Night Stories for Rebel Girls》가 후속권을 내고 승승장구하면서 가는 서점마다 매대와 계산대 위에 수북이 쌓여 있었다. 한편 독특한 그림체의 인물을 앞세운 표지 디자인으로 승부를 건 여성 인물 그림책 〈Little People, BIG DREAMS〉 시리즈는 온갖 서점 진열창뿐만 아니라 백화점이나 미술관 디스플레이에도 빠지지 않는 아이템으로 쓰이고 있었다. 그러니까 이 책들은 소수의 진보적 독자를 위한 권장 도서가 아니라 시장을 장악한 가장 핫한 상품이었다. 대세를 이끄는 두 시리즈 말고도 여러 출판사의 다양한 아류작들이 출간되었는데, 아류라고 폄하하기엔 미안할 만큼 각자 개성을 지닌 다채로운 여성 인물 그림책들이 눈에 띄었다.

이런 광경을 보고 돌아온 나는 출장 보고서에 느낌표를 찍었다. '페미니즘은 돈이 된다!' 다음 세대를 위한 의무감으로 꼭 만들고 싶었던 책들이 상업적 성공까지 거둘 수도 있음을 확인한 것이다. 그리고 어린이책의 세계적 흐름을 실시간으로 수용하는 한국 시장에도 금세 이런 열풍이 이어지리라 내심 기대했는데……

기대는 처참하게 무너졌다. 두 시리즈를 비롯해 세계 시장에서 주목받은 여성 인물 그림책들은 한국에서 좀체 존재감을 드러내지 못하고 고전하고 있다. 왜일까. 본질적으로는 우리 사회의 한계일 터이다. 여성 인물 그림책들이 날개 돋친 듯 판매되는 것은 페미니즘 이슈가 그들 사회에서 얼마나 필수 교양처럼 여겨지게 되었는지 보여주는 하나의 실례라고도 생각한다. 하지만 우리 사회는 어떤가. 여전히 심각하게 기울어진 운동장에 서 있는 여성들에게 이제 모든 문제가 다 해결되었다며, 페미니즘은 불필요한 성별 대립을 조장한다며 거센 백래시가 휘몰아치고 있다. 그런 분위기 속에서 나름대로 공들여 만든 몇몇 여성 인물 어린이책들도 크게 주목받지 못하고, 새로운 여성 인물을 발굴하려는 창작의 흐름도 더디기만 하다.

그렇지만 이 순간에도 아이들은 책을 보며 자라고, 한가롭게 사회적 한계만 탓하고 있을 수는 없다. 일단 지금 아이들이 열심히 보고 있는 인물 이야기부터 한번 들여다보자. 아이들에게 가장 널리 읽히는 인물 관련 어린이책은 아이들이 스스로 찾아 읽는 학습만화, 그리고 양육자들이 때 되면 한 질씩 사들이는 전집 그림책이다. 출판사 홈페이지를 통해 몇몇 시리즈에서 여성 인물이 차지하는 비중을 확인해 보았다. 대표적인 인물 학습만화 〈Who?〉 시리즈는 196권

중 35권(18%), 〈Why 피플〉 시리즈는 55권 중 11권(20%)이 여성 인물을 다루고 있다. 전집 중에 〈그레이트피플〉 시리즈는 50권 중 8권(16%), 〈솔루토이 인물/위인〉은 58권 중 14권(24%), 〈아람 인물 세미나〉는 64권 중 12권(19%)이 여성 인물이며, 단행본 시리즈로 출간되는 〈새싹 인물전〉은 63권 중 18권(29%)이 여성 인물을 다루고 있다. 대체로 20%를 밑도는 경우가 많고, 그나마 새로 출간되는 책에 여성 인물이 조금씩 늘어나고는 있지만 여전히 남성 인물 비중이 월등히 높다.

또한 이 책들에 등장하는 여성 인물도 유관순, 신사임당, 마리 퀴리, 헬렌 켈러처럼 아주 오래전부터 위인전 하면 떠오르는 인물들이 주를 이루고, 비교적 근래에 새로 발굴된 인물도 이태영, 제인 구달 같은 몇몇 인물군이 반복적으로 여러 시리즈에서 소개되고 있다. 반기문, 일론 머스크, 마윈 같은 현존 인물들도 어린이책에 자연스럽게 등장하는 걸 생각하면, 새로운 여성 인물 발굴은 너무 더디다. 좀 다른 이야기지만 해외 인물은 성별 불문 대부분 서구 인물이거나 서구 사회에서 주목한 제3세계 인물인 점도 아쉽다. 어린이책이 인물을 발굴하는 데는 한국 사회가 세계를 바라보는 시각이 고스란히 담기게 마련이라 어쩔 수 없는 부분도 있겠지만, 좀 더 다양한 지역의 색다른 인물을 발굴하려는 적극적인 노력이 필요해 보인다.

그래도 중소 출판사들의 고군분투가 희망을 준다. 다움북클럽 목록에는 〈바위를 뚫는 물방울〉(씨드북), 〈세상을 바꾼 소녀〉(청어람미디어) 같은 몇몇 시리즈에 속한 여성 인물 이야기 그림책이 올라와 있다. 해저 지도를 만든 과학자 마리 타프, 거대한 거미 조각상으로 잘 알려진 루이스 부르주아, 첫 여성 올림픽에 참가한 투포환

선수 루실 갓볼드… 이런 인물을 다룬 그림책이 국내에 출간된 것은 우리 아이들이 반드시 알아야 할 주요 인물이라서라기보다는, 이 완성도 높은 그림책 속에 그려진 인물들에게서 오늘날 우리 아이들이 공감하며 롤모델로 삼을 만한 포인트를 찾을 수 있었기 때문일 것이다. 외서 비중이 높은 점은 다소 아쉽지만, 좋은 외서를 수입하는 데서 출발해 국내에서 개발한 인물 그림책 출간도 꾸준히 이어지기를 기대한다.

한편 열전 형식의 책들은 여러 인물을 다루다 보니 깊이 없이 단편적 업적 위주로 다루거나, 때로는 논란의 여지가 있는 인물까지 포함했다는 점에서 그다지 좋은 평가를 받지는 못했다. 하지만 과학 논픽션 작가인 이지유가 자신의 삶과 관련지어 여성 과학자들 이야기를 써내려간 《나의 과학자들》(2020), 열정 넘치는 여성 독립운동가들의 삶을 담은 《태극기를 든 소녀》(황동진, 박미화, 2019)처럼 멋진 책들도 꾸준히 출간되고 있다. 더 다양한 주제와 형식, 작가 고유의 시선으로 엮인 여성 인물 이야기를 애타게 기다린다.

여성 인물을 다룰 때 고민스러운 지점이 있다. 근대 이전 여성의 삶이 워낙 혹독하였다 보니 말년에 자살하거나 정신병원에 갇히는 등 쓸쓸한 죽음을 맞이하는 인물이 많아, 일대기를 어린이책으로 다루기에 부담스러운 면이 있다. 한 나라에서는 영웅이지만 이웃 나라에는 원수처럼 여겨지거나, 나치 부역 등으로 평가가 분분한 인물도 있다.(실제 그런 이유로 논란이 된 책들이 있다.) 이런 인물들을 어떻게 지금 아이들의 롤모델로 그려낼 수 있을까? 완벽한 인물로 그리기 힘들다면 배제하는 것이 옳을까? 무조건 찬양하거나 왜곡하지 않고 공과 과를 함께 다루며 깊이 있는 생각을 유도하는, 대상 연령대에 적합한 서사에 관한 고민이 필요하다. 또 이를 위해서는 인물 이야기책을 어린이가 어떤 식으로 수용할지에 관한 교육도 함께 이루어져야 할 것이다.

양육자로서 아이의 독서 풍경을 바라볼 때 가장 한숨이 나오는 지점이 바로 학습만화다. 아이가 깜짝 놀랄 만한 이야기를 해서 '그런 걸 어떻게 알았어?' 하면 상당 부분 학습만화에서 나온 지식이기도 하고, 무조건 폄하해선 곤란할 만큼 학습만화의 수준은 상당하다. 그래도 그저 유명한 인물이라 장삿속으로 급하게 허투루 만들지는 않았는지, 인물을 입체적으로 다루기보다 지나치게 미화하거나 성공 사례만 나열하지는 않았는지, 성인지 감수성에 기반을 두고 제대로 만들고 있는지 등등 적극적인 모니터링이 필요하다. 학습만화는 아이들에게 가장 널리 읽히면서 커다란 영향력을 행사하기 때문이다.

페미니즘이 상업주의에 이용당하는 것에 대한 문제 제기도 많지만, 책을 만들어 파는 사람으로서 나는 여전히 페미니즘이 돈이 되는 날을 꿈꾼다. 아이들이 기꺼이 읽고 싶어 하는 학습만화부터 예술성을 갖춘 아름다운 그림책까지, 다양한 어린이책에 다채로운 여성의 목소리와 성평등한 시각이 담기기를 기대해 본다.

안전

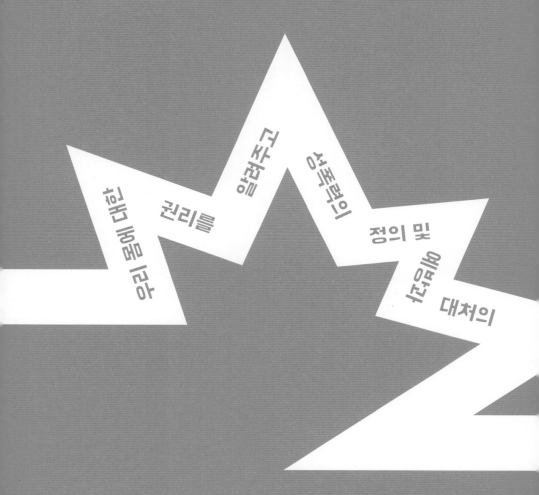

안전하게 보호받을 권리를 침해받는 폭력으로부터의 정의 및 예방과 대처의

"나는 이제 안다. 내가 잘못하지 않았고 잘못되지도 않았다는 걸.
나는 괜찮다."

─《비밀을 말할 시간》(구정인) 중에서

구체적 방법을 제시하는가?

Q22 어린이에게 자기 몸에 대한 권리를
알려주고 있나요?

우리 모두는 자기 몸의 주인으로서 존중받아야 합니다. 어떤 이유로든, 누구든, 동의 없이 내 몸을 마음대로 다루어서는 안 되지요. 자기 몸의 권리를 당당하게 주장할 것을 이야기하는 어린이책을 소개합니다.

Q22 어린이의 안전을 지키고, 위험에 노출된
어린이에게 안정감을 되찾아줄 수 있는 내용을
담고 있나요?

누구나 안전하고 행복하게 살아갈 권리가 있습니다. 그런데 나이가 어리고 힘이 약한 어린이들은 쉽게 위험에 노출될 수 있지요. 어린이가 자신의 안전을 잘 지킬 수 있도록, 또한 폭력을 경험한 어린이가 심리적 안정감을 되찾을 수 있도록 돕는 어린이책을 소개합니다.

내 몸은 나의 것

: 어린이 성폭력 예방의
첫걸음

타인과 나의 경계를 인식하는 것은 성폭력 예방의 첫걸음이다. 몸의
경계를 침범하는 미묘한 상황들을 보여주면서, 그럴 때 어떤 말과
행동을 하는 게 좋은지 분명하게 제시한다. 아이들은 좋아와나 나쁜
이들을 구분하지 못하는 경우도 있고 거부를 잘 표현하지 못하기도
하므로, 익숙하고 일상적인 듯한 속에서 자연스럽게 경계를 만드는 법을
배우게 하는 교육적인 그림책.

린다 월보우이드 지라드 글
로디니 페이트르 그림
권수현 옮김 | 문학동네
2007 | 미국 그림책
32쪽, 216×234㎜
10,000원
ISBN 9788954604390

말해도 괜찮아

: 성폭력 피해를 입은
어린이가 들려주는
이야기

자신에게 일어난 일이 무엇인지도 잘 이해하지 못한 어린 나이에
겪은 성폭력을 주변의 도움으로 극복해가는 과정을 당사자 어린이의
목소리로 들려주고 보여주는 그림책이다. 성폭력 생존자 어린이
제시가 담담하게 자신의 이야기를 들려주며 독자에게 말을 건넨다.
"너도 누군가에 말하렴."

제시 글·그림 | 권수현 옮김
문학동네 | 2007
미국 그림책
36쪽, 225×225㎜
11,000원
ISBN 9788954603164

비밀

: 우리 모두가 들어야 하는
이야기

아동을 대상으로 한 성범죄는 가까운 사이에서 자주 일어난다. 아이는
가까운 어른이 협박과 힘에 극복하여 '비밀'을 만들게 된다. 반드시
털어놓아야 하는 비밀, 이 비밀을 어떻게 알아낸 좋은지, 어떻게
대처하는 게 좋은지 꼼꼼하게 안내해주는 그림책.

하은미 글, 박현주 그림
문학동네 | 2012
한국 그림책
40쪽, 195×235㎜
11,000원
ISBN 9788954620055

이럴 땐 싫다고
말해요!

어린이가 하교, 공원, 놀이터이나 가게같 같은 일상 공간에서 겪을 수
있는 여러 위험한 상황에서 어떻게 행동하면 좋은지, 나쁜 어른으로
부터는 어른들에게 또는 아이에 빼앗거 친구를 위해 어떻게 대응이 당당히
자기 의사를 표현할지 차근차근 알려준다. 성폭력 예방을 위한
쉽고 깜찍한 그림책이다.

마리-프랑스 보트 글
파스칼 레메트르 그림
홍은주 옮김 | 문학동네
1999 | 프랑스 어린이 교양
44쪽, 200×200㎜
8,500원
ISBN 9788954611145

좋아서 껴안았는데, 왜?

동의
: 너와 나 사이 무엇보다 중요한 것!

소녀들을 위한 내 몸 안내서

너의 눈 속에

친구가 좋다면 허락 없이 껴안는 것도 상대의 경계를 함부로 넘는 폭력이 될 수 있다. 경계를 넘을 때는 반드시 동의가 필요하며, 또한 내 경계를 잘 지키고자 의사표현하는 것도 안전을 지키기 위해 꼭 필요한 훈련이다. 어린이의 하루 일과를 따라가며 반드시 알아야 할 동의와 경계에 관해 친절히 설명한다.

다양한 관계 속에서 나와와 다른 사람의 경계를 인지하고 존중하는 방법을 재미있고 친근한 일러스트로 쉽고 명확하게 알려준다. '신체 경계선', '동의'의 기본 개념부터 안전한 관계 맺기, 다른 사람이 선긋고 동의를 다루는 태도 어려움에 처한 친구 지(자)하기까지 꼭 얼여운 내용을 고루 다루고 있다.

급격한 몸과 마음의 변화를 맞는 청소년기 소녀들이 소녀들의 자기 몸을 부끄러고 스트레스 받는 일이 많다. 몸의 사생을 피우가 왔다는 교육 미디어 그룹을 만들어 청소년들을 도와 온 저자는 청소년기기 변화를 이웃 언니처럼 친근하게 설명하면서, 소녀들이 자기 몸을 긍정하고 사랑하기를 보 자기 몸에 대한 모든 결정권은 자신에게 있음을 강조한다.

패로디(빨간 모자)를 새로운 방식으로 표현한다. 왼쪽 화면으로 늑대의 눈에 비친 사람들 오른쪽 화면은 빨간 모자의 눈에 비친 사람들 보여주는 전개 방식으로 몰입감을 높았다. 빨간 모자는 늑대가 위험한 존재라는 것을 알고 사슴이나 새에게 늑대를 피하라던 얼하는데, 정작 자신은 아늠에서 빠져나가는 걸까? 경필을 놓고 아이들과 토론하기 좋은 그림책이다.

이현혜 글 이효실 그림
천개의바람 | 2015
한국 어린이 교양
36쪽, 200×268㎜
11,000원
ISBN 9788997984848

레이철 브라이언 글·그림
노지양 옮김 | 이음북
2020 | 미국 어린이 교양
68쪽, 150×200㎜
12,000원
ISBN 9788950987367

소냐 르네 테일러 글
김정은 옮김 | 휴머니스트
2019 | 미국 청소년 교양
176쪽, 135×200㎜
14,000원
ISBN 9791160802559

끌림 제베르 글·그림
정순 옮김 | 문진주니어
2018 | 프랑스 그림책
44쪽, 215×320㎜
12,000원
ISBN 9788901222127

(로베르토 인노첸티의) 빨간 모자

〈빨간 모자〉를 현대 대도시로 무대를 옮겨 만든 작품으로 종이
인형을 위해 찍어놓니 인형의 이야기로 '빨간 모자' 이야기를
들려주는 형식을 취하고 있다. 어른이 볼품을 알지 못하는 이야기
대도시 빌딩 숲에서 성범죄에 노출되기 쉬운 현실을 폭로한다. 아이언
어른이 함께 읽고 안전하지 못한 사회의 생존력에 관해 이야기 나누
며
도록 자인되어하는 ...그림책이다.

예론 크리사르 글
로베르토 인노첸티 그림
시하경 옮김 | 사계절
2013 | 미국 그림책
32쪽, 265×290㎜
21,000원
ISBN 9788958286530

세상에서 가장 용감한 소녀

눈보라 속에서 길을 잃은 여자아이가 아기 늑대를 구해 도와주고
늑대들도 여자아이를 도와 지켜준다. 글 없이 우돌지 그림을 통해
여자아이와 늑대 마리의 깊은 겨울을 생생하게 표현한다. 용기 있고 책임감
있는 여자아이 주인공이 마음이 멋지다.

매튜 코델 글·그림
2018
미국 그림책
56쪽, 246×216㎜
12,000원
ISBN 9788849113692

슬픈 란돌린

브리타는 요즘 너무 슬프다. 아무에게도 말할 수 없는 나쁜 비밀
때문이다. 해쳐인형 란돌린에게만 말한 브리타인 비밀은 무엇일까?
"누구에게도 이야기하면 안 돼"라고 어른자아이 너 아이가 이야기하는
아픔에 대처한 공기를 느끼며 성폭력을 극복하는 어린 주인공의
용기를 열렬히 응원하게 하는 마음읽도록 탁월한 그림책이다.

카트린 마이어 글
아네테 블라이 그림
하순규 옮김 | 문학동네
2003 | 독일 그림책
60쪽, 225×290㎜
10,000원
ISBN 9788982816215

운하의 소녀

아동 성폭력 피해자를 소재로 한 이야기이야기이지만 범죄 예방이나
권선징악 같은 가르침을 주려하지 않는다. 대신에 일러스트로 건조한
서술과 이때 키우드는 읽기장이 야하려져 표현되는 섬세한
심리묘사가 탁월하다. 범죄에 대한 묘사는 덜어 이상으로 드러나지
않아서 독자가 불안하지 않다. 어떤 인물에 이입하느니해 따라
제각기의 서사를 이루만져 줄 수 있다.

티에리 르냉 글
조현실 옮김 | 비룡소
2002 | 프랑스 동화
82쪽, 135×205㎜
6,000원
ISBN 9788949120553

안녕, 그림자

사진 속 그애

인어 소녀

비밀을 말할 시간

좋거 찾던 책상 주인에게 서운함을 담아던 고로워하는 여자아이 이야기. 본이 아니게 비뚤었던 친구에게 도움을 받으며 자신을 짓누르던 어름을 해치나간다. 겉으로 동요에 휘둘리지 않는 차분한 문제 단면에 문제의식도 단단하게, 해결 방안은 경쾌하게 추구할 수 있도록 해준다.

이은영 글, 이지진 그림
창비 | 2011 | 한국 동화
144쪽, 152×223㎜
10,000원
ISBN 9788936442644

이은영 글, 이지진 그림
창비 | 2011 | 한국 동화
144쪽, 152×223㎜
10,000원
ISBN 9788936442644

학급 친구들이 단체 채팅방에서 공유된 사진 한 장이 예상치 못한 커다란 파장을 가져온다. 조사건 불법촬영 '부끄에' 관련된 자아 정체성 문제를 비롯해 디지털 미디어 언애서의 권리와 책임 문제를 교실에서 벌어지는 사건을 통해 다루고 있다. 디지털 미디어 리터러시의 기본 내용을 이해하도록 도와주는 동화로, 어린이들이 자기 경험과 연결지어 토론하기에도 좋은 작품이다.

전여울 글, 박진아 그림
살림어린이 | 2020
한국 동화
128쪽, 152×215㎜
12,000원
ISBN 9788952242532

전여울 글, 박진아 그림
살림어린이 | 2020
한국 동화
128쪽, 152×215㎜
12,000원
ISBN 9788952242532

아동과 청소년을 표적으로 방생하기 쉬운 그루밍 성폭력과 가스라이팅의 의미를 이해하고 자신의 몸과 주체성을 스스로 지킬 수 있도록 도와주는 그래픽노블이다. 수족관에 갇힌 인어 소녀를 돕는 수족관 바깥이 소녀와 스스로 그 울타리를 빠져나오는 주인공이 용기가 감동적이다. 소녀들이 언대, 나아가서 수족관 속 동물과 맺는 든든한 연대가 빛나는 대작이다.

도나 조 나폴리 글
데이비드 위즈너 그림
신인희 옮김 | 보물창고
2018 | 미국 그래픽노블
192쪽 | 184×254㎜
22,000원
ISBN 9788961706704

도나 조 나폴리 글
데이비드 위즈너 그림
신인희 옮김 | 보물창고
2018 | 미국 그래픽노블
192쪽 | 184×254㎜
22,000원
ISBN 9788961706704

제목과 그림만으로도 표지에 담긴 굳은 표정이 여성 청소년 주인공이 지닌 비밀이 무엇일지 예상된다. 성폭행 등으로 인해 지금까지도 고로워하던 하지만 친구 서윤에게 경험으로 안이 지난 지난에게 비밀을 털어놓은 뒤, 지원이 공감과 이해 덕분에 자신의 지혜에게 비밀을 넘어서서 자기 지난을 지킬 힘을 얻는 책이다.

구정인 글 · 그림
창비 | 2020
한국 그래픽노블
204쪽, 153×224㎜
13,000원
ISBN 9788936453352

구정인 글 · 그림
창비 | 2020
한국 그래픽노블
204쪽, 153×224㎜
13,000원
ISBN 9788936453352

디지털 시민성을 기르는 성평등 어린이책

박유신(교사, 미디어 리터러시 연구자)

잘 알려지지 않았지만, 한국의 미투 운동은 여성 청소년들에 의해 시작되었다. 2018년 **#MeToo**라는 할리우드 발 해시태그가 대중화되기 전, 2016년 트위터에서 **#오타쿠_내_성폭력** 해시태그 달기가 시작되었다. 만화와 애니메이션 등 서브컬처 팬덤 내에서 일어난 성폭력 피해자들이 자신이 당한 피해를 공론화하고 연대를 요청한 사건이었다. 그 이후 출판 · 미술 · 문화계 등 다양한 분야로 이 운동이 확장되면서 한국 사회에서 성폭력이 특정 분야에 한정된 것이 아님을 보여주기는 했으나, 서브컬처 분야에서 이 운동이 촉발된 양상과 관련하여 주목할 부분은 이러한 폭력들이 미디어 문화 속에 재현된 젠더 이미지와 관련이 깊으며 현재 밝혀진 디지털 성폭력의 문제를 이미 예고했다는 점이다. 성폭력 사건들은 대부분 여성 청소년인 코스어들이 코스프레와 사진 촬영 등 서브컬처의 모습을 신체로 재현하는 과정에서 이루어졌다. 사진작가를 자처한 가해자들이 '작품성'을 빌미 삼아 더 노골적인 의상이나 포즈를 요청했고, 이것은 더 심각한 성폭력으로 이어졌다. 이 사건의 가해자들이 불법으로 유통되는 '야애니'의 소비자일 것이라고 추측하는 것은 어렵지 않다.

오타쿠 내 성폭력 사례가 동호인적인 성격을 지닌 일부 팬덤의 문제일까? 2000년대 초반 내내 유행한 한국의 걸그룹이 재현한 소녀의 이미지들은 어렵지 않게 '아니메'의 소녀 이미지들과 겹쳐진다. 여성 아이돌들은 교복을 입은 여고생, 혹은 좀 더 어린이에 가까운 스타일링을 하고, 아니메 캐릭터처럼 수동적이고 귀여운 여성성을 어필했다. 아이돌의 신체는 점점 더 말라가서, 뮤직비디오 안에서 그들은 거의 2D 캐릭터에 가까워 보였다. 유튜브 채널이나 TV 프로그램에 등장한 여성들은 점점 더 볼을 부풀리거나 혀 짧은 소리를 내면서 남성 출연자들에게 공공연히 '애교'를 요구받고는 했다. 이런 이미지들이 어린 여성 청소년이 스스로의 정체성을 형성하고 관계를 맺는 방식에 영향을 주었음은 당연하다. 그러나 그보다 더 문제가 되는 것은 어린 여성의 이미지를 성적 대상화하고 소비하는 문화들이 무감각하게 지난 20년간 한국의 디지털 문화 안에서 자리 잡아 왔다는 점이다. 시민성에 대한 고려 없이 한국의 디지털 기술이 급속도로 발달하면서, 미디어 이용자들은 스스로 기기를 들고 여성 청소년을 대상으로 성착취적 이미지를 생산하고 공유하기 시작했다. 그리고 그들의 상당수는 2000년대 이후 온라인 공간 안에서 자라난 과거의 '초딩'이었다는 사실을 우리는 잊으면 안 된다.

그러므로 2020년, 시민사회에 큰 충격을 준 'n번방'과 '박사방', 즉 텔레그램 성착취방 사건들에서 피해자의 60% 이상이 초등학생을 포함한 10대 여성이며, 검거된 가담자의 30% 이상이 10대 남성이라는 사실은[1] 충격적이지만 인과관계를 가지고 있다. 이 사건은 본질적으로 아동들이 인터넷상의 불법 성착취물의 문법대로 신체

---

1 추적단 '불꽃' 대담, 〈n번방의 후예들, 아직도 21만 명 북적북적〉, CBS 김현정의 뉴스쇼, 2021.2.23.

를 재현하고 이를 매개로 범죄가 이루어진 사건이기 때문이다. 스마
트기기와 함께 자라나 영상의 촬영과 공유가 그 어느 때보다 익숙
한 세대가, 자신들이 몸과 신체에 대해 학습한 방식, 디지털 공간에
서 습득한 시각성에 충실하여 성적 욕망을 해결하는 방식인 것이다.
이것은 일부 일탈한 청소년의 문제가 아니다. 직접 가담한 가해자만
수천 명에 달하며, 아직도 디스코드 등에서 수십만 명이 불법 영상
을 공유하고 있다는 추적단 불꽃의 인터뷰는 한국의 디지털 사회가
심각하게 병들어 있음을 암시한다.

　이러한 심각한 파국 속에서 시민사회는 어떤 일을 할 수 있을까?
많은 어른들은 이토록 험악한 온라인 공간에서 어린이를 분리해서,
그들이 수십 년 전의 어린이처럼 책을 읽고 야외에서 뛰어놀아야 한
다고 생각한다. 그러나 미디어에서 어린이를 분리하는 것은 디지털
미디어 기반 사회로 급속히 이행하는 오늘날에 제대로 실현 가능한
대안도 아니며, 한편으로는 어린이가 디지털 정보와 기술에 접근할
기회를 차단하는 또 다른 차별이라는 점도 잊으면 안 된다.

　2021년 3월, 유엔아동권리위원회는 〈디지털 환경과 아동권리〉에
관한 '일반논평 25호'를 발표하였다. 이는 27개국 9~22세 아동 청소
년 700명을 대상으로 디지털 기술이 아동의 권리에 어떤 영향을 미
치는지, 이를 보호하기 위해 어떤 조처가 있어야 하는지 등에 관해
설문한 결과를 바탕으로 만들어졌으며, 이와 함께 정부 간 기구와 민
간 사회, 국가인권기구가 함께 협의하여 도출한 결과물이다. 이는 우
리의 삶 전반이 디지털 환경으로 급속히 변화하고 있음을 직시하고,
1989년 채택한 UN아동권리협약이 디지털 환경 안에서도 동일하게
적용되어야 한다고 명시한 선언이었다. 일반논평 25호는 어린이가

평등하게 디지털 미디어가 주는 기회에 접근하고, 디지털 환경 안에서 혐오와 차별을 마주하지 않으며, 위험으로부터 보호받을 수 있도록 각 협약 당사국이 다양한 방법으로 어린이의 이익과 의견을 최우선으로 고려하는 디지털 환경을 만들어야 한다는 내용으로 구성되었다. 이를 뒤집어 생각해보면, 그동안 디지털 환경 안에서는 1989년 선포된

유엔아동권리협약 일반논평25호 〈디지털 환경과 아동권리〉 전문(아동권리보장원 번역 자료)

아동권리협약이 진지하게 고려되지 않았으며, 어린이가 심각한 차별과 혐오, 위험 속에 노출되어 있었음을 세계 시민사회가 비로소 인식했다는 의미라고 보아야 할 것이다.

그러므로, 지금 우리가 해야 할 가장 중요한 일은 어린이에게 적극적으로 디지털 세계에서 아동의 권리가 있음을 인식시키고, 자신의 권리를 지킬 수 있는 미디어 리터러시 역량을 기르도록 돕는 것이다. 어린이들이 적극적으로 디지털 세계에서 발생하는 문제에 대해 이야기 나눌 수 있는 편안한 대화의 장을 만들고 교육의 토대를 만드는 것도 중요하다. n번방을 비롯한 성착취 가해자들의 주요 범행 수법이 '부모에게 알리겠다'라는 협박이었다는 점은, 어른들이 어린이의 온라인 세계를 외면하고 부정하는 것은 결코 답이 될 수 없다는 점을 잘 보여준다.

이런 면에서도 성평등 어린이책 사업이 지속되는 것은 매우 중요하다. '나다움어린이책'에서 '다움북클럽'으로 이어진 성평등 어린이책 목록은 어린이들이 세계시민의 관점을 기를 수 있는 책들로 구성되어 있다. 바람직한 디지털 세계를 만드는 것은 빠르게 발전하는 기술이 아니라 디지털 시민성을 갖춘 시민들로 인해 가능하

다. 우리는 지금이라도 디지털 생태계를 구성하는 미래의 시민들이 디지털 세계에서 아동의 권리를 인식하고, 혐오와 차별의 대상이 되지 않으며, 피해자나 가해자가 되는 위험에 처하지 않도록 함께 힘을 모아야 한다. 이것은 현재 한국 시민사회의 가장 중요한 책무라고 보아도 과언이 아니다.

연대

등장인물 특히 사회적 약자인 인물들이

"나는 그동안 얼마나 많은 소리와 말과
시선들을 그냥 흘려버리며 살았을까?
내가 무심코 흘려버린 타인의 울음소리와
신음 소리는 없었을까?"

—《그날, 고양이가 내게로 왔다》(김중미) 중에서

서로 존중하고 배려하며 연대하는 모습을 다르는가?

19

Q24 사회적 약자가 서로 연대하고 협력하는 모습이 드러나나요?

사회적 약자들이 차별에 반대하고 더 나은 세상을 만들기 위해 서로 힘을 합쳐 노력하는 모습을 아름답게 그린 어린이책을 소개합니다.

Q25 등장인물이 성별 관계없이 서로 존중하고 배려하나요?

다양한 사람들이 함께 살아가려면 서로 존중하는 자세가 필요합니다. 성별 관계없이 존중하고 배려하면서, 우정을 나누고 투닥거리기도 하면서 모험을 펼치고 사랑을 만들어가는 어린이책을 소개합니다.

Q26 등장인물이 사회적 약자에 대한 편견에 함께 저항하나요?

함께 어울려 살아가는 공존의 세상을 위해서는, 사회적 약자에게 공감하고 그들에 대한 편견과 차별에 함께 맞서는 마음과 연대의 행동이 필요합니다. 현명하고 용감한 어린이 주인공들을 소개합니다.

내가 여기에 있어

어디든 존재하고 있지만 다른 사람들 눈에는 보이지 않는 커다란 밝은 짐승이나 주류에서 벗어나 있다는 누군으로 배제되는 수줍은 존재들을 역상하게 한다. 어린이들이 이런 존재들을 볼 볼 좋고 그들이 얼마나 많은 일을 하고 있는지도 알아본다. 멈추지 않는 호기심과 편견 없는 마음으로 다가가 "내가 여기에 있어" 하고 말해 주는 수줍지만 용감한 연대의 이야기.

이드리양 교틀랑주 글·그림, 이세진 옮김
윤진주니어 | 2020
프랑스 그림책
40쪽, 297×200㎜
14,000원
ISBN 9788901245683

하늘에

가지 끝에 달린 나뭇잎, 자유롭게 나는 새, 자연으로 이동하는 비행기, 감수적인 하늘의 장면으로 시작으로 한줄써 지글을 통해 이미늘 독대해간다. 이이이 시선을 릴려 그동안 우리 사원가 애써 외면해던 질문을 던지신다. 왜 노숙자들은 돈이 하늘에 감혀야만 핸을까? 더 이상 피해서는 안 될, 불편한 질문에 연대의 힘으로 답하는 그림책.

김영서 글, 우영 그림
이야기꽃 | 2020
한국 그림책
36쪽, 205×264㎜
13,000원
ISBN 9788998751463

분홍 모자

2017년 1월 21일에 이어진 '세계 여성 공동행진'이 뜻을 기억하며 만들어진 그림책. 한 여성이 먼 분홍 모자가 집 안에서 집 밖으로, 혼자에서 다수로 변모하는 과정이 흥미롭다. 마침내 거리가 수많은 분홍 모자로 뒤덮이는 사물의 뜻을 모아 연대하는 일이 좋거움. 그리고 많은 이들이 함께할 때 가는 커다란 힘가 변화를 시사한다.

앤드루 조이너 글·그림
서남희 옮김 | 이마주
2018 | 호주 그림책
44쪽, 225×250㎜
9,500원
ISBN 9791195718894

약속

도시에서 도둑으로 살아가는 여자아이가 부인의 기방을 빼앗으려다 이상한 약속을 한다. 가방에 든 것을 심겠다는 약속. 가방 속에는 도토리가 가득 들어 있고 여자아이는 약속대로 도토리를 심는다. 도시는 서서히 나무와 두덮이고, 삭막했던 도시에 산던 사람들도 점점 변화한다. 자연과의 관계를 회복하면서 비로소 행복을 되찾는 사람들이 모습이 아름답게 묘사되어 있다.

니콜라 데이비스 글,
로라 카린 그림 | 시계절
2015 | 영국 그림책
48쪽, 255×265㎜
13,500원
ISBN 9788958287728

줄넘기 요정

말랄라의 마법 연필

당신은 셀 수 없이 소중해요

둘이라서 좋아

엽주는 배가 나오지만 주민들은 배를 곯는다. 계단이 유일한 해방구인 줄넘기 언덕까지도 빼앗길 것이다. 한 어린 여자아이와 조그만 엄마(나)는 여경들과 마음 함께 엽주를 연필로 그 안에서 자란 감추게 하고 줄넘기 언덕을 되찾는 통쾌한 경험. 노래처럼 부드러운 글과 속삭이듯 고운 그림이지만 진동는 메시지는 더할 나위 없이 단단하고 묵직하다.

소녀가 학교에 가는 것이 왜 대단한 일이 되었을까? 작은 소녀가 연필 한 자루로 써 내려간 이야기. 말랄라가 나서지 않았다면 누구도 관심 가져 주지 않았을지도 모르는 놀라운 옳지만 보이지 않았던 인권까지 차별이 현실로 이제도 진행 중이다. 죽음이 위협을 무릅쓰고 이슬람 여성이 고통을 줄이는 말랄라의 행동을 통해 진짜 용기를 배운다.

0부터 75억까지, 나와 너 주위 사람들, 그리고 알지 못하는 무수히 많은 저 너머의 누군가까지... 헤아리기 힘들게 많은 이야기를 통해 우리는 모두 같은 세상을 공유하는 의미 있는 존재라는 것을 그려냅니다. 숫자로 셀 수 있지만 한 명 한 명의 존재는 결코 셀 수 없이 소중하고 가치가 있다는 것을 숨은 그림 찾기 방식으로 보여준다. 볼 때마다 새로운 사람이 눈에 들어오는 마법 같은 책.

엽두 살 언니와 일곱 살 동생이 만들어 살아가던, 시인의 어린 시절 지찬못 이야기를 바탕으로 한 권의 동시집을 묶었다. 이 세상 한가운데 단둘이 놀이 함께곰과 하루의 일을 마음껏 둘이라서 좋아한다던 좋아라던 말랑할 수 있게 하는 힘이 담긴 '자, 오늘부터의 꽃, 나'라는 동시에서 이를 느낄 수 있을 것이다.

엘리너 파전 글
샬럿 보크 그림
김서정 옮김
문학과지성사 | 2010
영국 그림책
42쪽, 250×275mm
12,000원
ISBN 9788932021607

말랄라 유사프자이 글
케라스코예트 그림
공경희 옮김 | 윤진주나여
2018 | 미국 인물 이야기
48쪽, 235×260mm
12,000원
ISBN 9788901222028

크리스틴 로시프테
글·그림 | 손화수 옮김
보림 | 2020 | 노르웨이
그림책
64쪽, 245×338mm
19,000원
ISBN 9788943313203

김응 글 황주하 그림
창비 | 2017 | 한국 동시
104쪽, 151×207mm
9,000원
ISBN 9788936447137

아름다운 것은 자꾸 생각나

푸른 고래의 시간

블랙 걸
: 역사의 뒤안길에 숨어야 했던 클로뎃 콜빈

처음 만나는 여성의 역사

여성들이 우정에 대한 편견을 받아드는 작품이다. 나영이, 보경이, 홍자 선생님 교장 선생님. 네 사람은 모두 여성이며 서로 다른 사람이 서를 지지하고 건강하게 응원한다. 해도 없는 드물고 또 여성 인물과 그들이 관계를 그려낸 작품으로 문장이 매우 아름답고 이야기가 평화롭다. 책 앞부분이 차례인 읽어보아도 어느 작품이 서정시와 매력을 느낄 수 있다.

인종, 성폭, 장애, 가난 등에 대한 편견이 차별과 폭력으로 이어지는 사람들을 여섯 편의 동화로 하나씩 연이 들려준다. 지금 우리 사회에서 가장 문제적인 현장이나 이슈를 중심으로 삼으며, 어릴 어린이 독자가 시민사회이 윤리를 고민하고 실천하도록 돕는다.

인종차별과 성차별, 학제에 대한 편견 등 교차되는 차별의 문제를 1950년대의 실제 사건들을 통해 그려낸 그래픽노블로 여성이며 유색인종이고 미혼모였던 클로뎃 콜빈을 통해 한 사회 인에게 여러 가지 차별을 복합하지는 무엇을 뜻할 때 여럿일 때 편파시가 일어나는지, 중첩된 소수자의 차이는 어떤 더 큰 어려움을 감수하게 하는지 구체적으로 다룬다.

구석기부터 현재에 이르기까지 여성들이 어떻게 살아왔는지를 군더더기 없는 그림과 아우 글로 설명한 책이다. 여성들이 생활상이나 직업, 사회 활동, 사랑 등 다양한 주제의 시간과 체계적으로 접근하며, 더... 다. 책을 덮으면 대한민국 여성의 역사도 같은 방식으로 다루어 주기를 바라는 마음이 ...다.

신현이 글, 김정은 그림
문학동네 | 2018
한국 동화
120쪽, 170×220㎜
10,000원
ISBN 9788954653378

임어진 글, 양정미 그림
열린어린이 | 2018
한국 동화
184쪽, 150×210㎜
12,000원
ISBN 9791156761006

에밀리 플라토 글·그림
이재임 옮김 | 밝은미래
2020 | 미국 그래픽노블
136쪽, 157×237㎜
14,000원
ISBN 9788966463580

카타지나 라지비우 글
요안나 치를레조스카 그림
김단희 옮김 | 토토북
2020 | 폴란드 어린이 교양
44쪽, 240×330㎜
15,000원
ISBN 9788964964163

서프러제트

경제를 알면 세상이 보여!

알로하, 나의 엄마들

나는 무늬

서프러제트

100여 년 전 영국에서 리본 장식이 모자와 긴 드레스 차림으로 시위 피켓을 들고 거리로 나선 이들이 있었다. 그들은 경찰에 대항하기 위해 주사위를 삼고, 뜻을 이루기 위해 폭탄과 돌을 던지고, 고문과 단식 투쟁도 두려워하지 않았다. 무엇을 위해서? 여성참정권을 위해서! 서프러제트의 생생한 역사를 섬세한 그림과 활기 넘치는 품성한 이야기로 만날 수 있다.

데이비드 로버츠 글·그림
신인수 옮김
대교북스주니어 | 2021
영국 어린이 교양
128쪽, 248×305㎜
22,000원
ISBN 9788939571778

경제를 알면 세상이 보여!

엄마가 일자리를 잃은 여자아이, 조가 운틴한 경제학자 로빈스 부인이 도움을 받아 경제의 기본 개념에 관한 궁금증을 풀어간다. 실업, 연금, 납부 경자부터 물물교환, 세계화, 자급자족난방 같은 조나시 경제학 이슈까지, 어린이의 삶과 근접하여 쉽고 재미있게 사례 깊고 따뜻한 이야기를 통해 경제를 이해할 수 있게 돕는 뛰어난 교양 만화다.

재자벨 쿠페 수베랑 글
우리인 비 그림
이정주 옮김 | 미세기
2021 프랑스 어린이 교양
56쪽, 196×265㎜
13,000원
ISBN 9788980714995

알로하, 나의 엄마들

하와이 이민 1세대의 세 여성이 사난과 셋존과 연대의 서사. 이른바 '사진 신부'라 불리던 여성들의 이야기다. 백여 년 전 일제강점기 시대에 하와이로 건너가 동포 남성과 혼인하고 새 세월을 개척하려던 했던 그들의 삶을 어늘날 여성의 서사로 밝혀낸다.

이금이 글 | 창비 | 2020
한국 청소년 소설
392쪽, 152×210㎜
13,800원
ISBN 9788936456955

나는 무늬

식당에서 서빙 아르바이트를 하던 청소년이 노년의 여성 두 사람이 죽음과 장례식을 계기로 삶의 감추어진 국면과 불평등한 구조에 다가서게 되는 과정을 담은 청소년 소설이다. 세차장 같이 독립된 팀 청소년의 비정규직 노동자로 일하는 공간의 여러 문제들이 가족주의로 등장한다. 현실의 모순과 차별을 용인하면서도 자존감을 잃지 않는 청소년 인물들이 이름답고 위트있으수록 목격해지는 서사가 감동을 더한다.

김해원 글
낮은산 | 2021
한국 청소년 소설
304쪽, 153×210㎜
12,000원
ISBN 9791155251423

잘 가, 안녕

작은 추거로 온전한 형태를 갖추지 못하게 되는 로드 킬된 목숨을 잃은 동물들. 이 동물들에 대한 깊은 연민에서 나온 작품이다. 스스로도 온전한 삶의 형태를 갖추지 못했다고 보일 법한 고단한 처지의 할머니가 정성스레 주검을 수습하고 예를 갖추어 보내주는 이야기가 먹먹하다. 이 시대 우리에게 가장 긴요한 덕목을 담추지 않은 듯, 그러나 묵직하게 말한다.

김동수 글·그림
보림 | 2016 | 한국 그림책
46쪽, 230×253㎜
12,000원
ISBN 9788843310509

다 같이 함께하면

이 세상 모든 사람은 특별하지만 여럿이 함께 있어 더욱 특별이다 돋보인다. 이 메시지는 매 페이지마다 구어가 돋인 구어을 통해 찬양하는 다음 자연으로 연결된 그림 구성을 통해 확실히 전달된다. 세물처럼 등장하는 아이들이 처음부터 모두 함께했다는 느낌을 준다.

모리타 테쓰로 글·그림
김경인 옮김 | 미디어창비
2018 | 영국 그림책
32쪽, 225×275㎜
18,000원
ISBN 9791186621943

밖에 나가 놀자!

마음껏 일상을 보내던 아이들이 밖에 나가 모둠이하며 먼 세계이 동물들을 만난다. 다양한 색채와 빗발치는 그림을 통해 자연이 이름다움을 만날 수 있는 그림木 시작부터 끝까지 내™를 돋오른한 단계로 표현함으로써 모임에 있어 생물이 중요하지 않음을 보여준다. 또한 동물권이 아닌 자연 속에 머무는 동물들이 모습을 통해 동물들에게 자연스럽고 행복한 삶이 무엇인지를 보여준다.

로랑 모로 글·그림
이세진 옮김 | 프랑스 그림책
2019 | 프랑스 그림책
48쪽, 310×267㎜
15,000원
ISBN 9791189280253

내 친구 지구

이름다운 시어와 유려한 두선 이미지로 온갖 생명이 더불어 살아가는 대지연이 이름다움이 소중함을 표현했으며 우리와 모이함께이. 연결되는 '어머니 지구'라는 전통적인 이미지는 '내 친구 지구'라는 친근하고 명랑한 여자아이 모습으로 새롭게 탄생하여, 자연이 이름다움을 누리는 동시에 적극적으로 지켜내고자 하는 오늘날 어린이이 시명의식을 자극한다.

패트리샤 매클라클런 글
프랜시스카 사나 그림
김지안 옮김 | 미디어창비
2020 | 미국 그림책
44쪽, 228×280㎜
19,000원
ISBN 9791189280420

너와 나

세상은 끊임없이 서로 도움을 주고받는 너와 나의 관계로 이루어져 있다. 아무리 크고 힘센 동물이라도 작은 존재들이 부지런한 노동과 배려가 있어야만 제 역할을 할 수 있다. 세상에 쓸모없는 존재란 있을 수 없다는 사실을 감성적인 글과 훈훈한 그림으로 보여주는 그림책.

샤이다 글·그림
다림 | 2019 | 한국 그림책
44쪽, 210 × 280㎜
12,000원
ISBN 9788861772136

세상의 모든 나무를 사막에 심는다면

사막 도시 센디에이고에 기적 같은 푸른 숲을 만들어낸 19세기의 여성 식물학자 케이트 올리비아 세션스 이야기. 다른 사람들이 안 된다고 말하는 것에 대해 행동과 연대로 가능성을 보여주는 삶이 태도가 멋지다. 케이트의 삶이 심은 나무의 그런지 그림책을 듣고 받분이 곧 우리들을 직접 느껴보고 싶게 만든다.

H. 조셉 홀린스 글
질 메케메리 그림 | 김희정 옮김 | 청어람아이 | 2017
미국 인물 이야기
32쪽, 278 × 229㎜
12,000원
ISBN 9791158710507

지구에 온 너에게

지구라는 행성을 나누는 우리 모두에 대한 이야기. 무엇보다 사람에 이르기까지 세상에 있는 다채로운 존재들을 그려 나갔다. 유기적으로 연결된 지구에서 서로 다른 존재에 대한 이해와 존중이 필요을 배울 수 있는 책이다.

소피 블랙올 글·그림
장미란 옮김 | 비룡소
2020 | 미국 그림책
80쪽, 228 × 286㎜
16,000원
ISBN 9788949114019

고양이 조문객

두 편 모두 동화인 글과 시어가 서로 맞물려 순환하며 삶과 죽음을 연결시키고 여러 목숨들이 고리를 만든다. 젊은 날 울던 자식을 키우던 생에 마지막 순간까지 길고양이를 돌보았던 할머니의 곁을 편안한 삶이 곤 죽어온 생명의 삶이었음을 할머니의 죽음 앞에 함께한 사람들.

선아나 글 | 이용진 그림
봄봄 | 2017 | 한국 동화
80쪽, 190 × 250㎜
9,500원
ISBN 9788991742970

아무 말도 하기 싫은 날

외할아버지 댁에서 여름 방학을 보내게 된 패트릭이 야기견 우즈를 입양하면서 일어나는 이야기. 둘이 우정 속에서 서로가를 찾는 소녀의 고민과 성장은 물론, 생명에 대한 소중함까지 따뜻하게 일깨우는 작품이다.

오언 콜퍼 글·P.J.린치 그림, 이브피 옮기 라임
2020 | 영독 동화
136쪽, 153×225㎜
9,500원
ISBN 9791189208479

그날, 고양이가 내게로 왔다

시장 골목에서 쓰러진 머리, 앞을 못 보게 된 크레마, 버림받은 마루. 세 고양이가 시선으로 동물과 사람, 사람과 사람, 사람과 고양이를 말한다. 고양이의 시선을 통해 세상 모든 생명들이 이름에 공감하고 연대하는 일의 의미를 깨닫게 된다.

김중미 글
낮은산 | 2016
한국 청소년 소설
280쪽, 153×210㎜
11,500원
ISBN 9791155250716

열여섯 그레타, 기후 위기에 맞서다

그레타 툰베리에게 기후 위기는 지금 당장 우리 집에 불이 난 것과 다름없는 일이었다. 열다섯 살이 되던 해 그레타는 '기후를 위한 등교 거부'를 시작했고, 이는 '미래를 위한 금요일'이라는 해시태그로 널리 퍼져나갔다. 이 책은 그레타 툰베리의 주장과 행동, 그리고 세계 각국 10대 활동가의 이야기를 덧붙여 왜 우리가 지구를 위해 당장 행동에 나서야 하는지 알려준다.

비비아나 마차 글
엘리사 마넬라리 그림
이현경 옮김 | 우리학교
2019 | 이탈리아 인물
이야기
132쪽, 138×190㎜
12,000원
ISBN 9791190337014

이상희 선생님이 들려주는 인류 이야기

책이 남자 중심의 역사와 한 시인에게 대한 편견에서 벗어나게 된다. 감수자, 인증 감수 없이 가치고 인류 가정의 이야기를 들려주는 책 진화에 대한 오랜 오해를 풀고 태어나는 순간부터 도움이 손길을 받는 인간 인간의 다양한 면모 인간다움에 대한 새로운 관점을 갖게 한다. 더불어 고인류를 연구하는 이상희 선생님의 모습도 만날 수 있다.

이상희 글, 이해정 그림
우리학교 | 2018
한국 청소년 교양
128쪽, 168×228㎜
12,000원
ISBN 9791187050568

더 눈에 띄도록, 더 잘 들리도록

청소년 도서를 말하다

신수진(어린이책 편집자, 그림책 시민교육 활동가)

성평등 어린이책을 보급하는 '나다움어린이책' 사업이 회오리 바람에 휩쓸려간 뒤로, 2021년 새롭게 독립적으로 활동하는 '다움 북클럽'에서는 성과 사랑, 성적 정체성, 섹슈얼리티 등 다양한 젠더 이슈가 담긴 책들을 적극적으로 추천도서 목록에 포함시키기로 했다. 그러한 책들을 선정하다 보니 청소년 소설, 시집, 논픽션 단행본 등 다양한 장르로 범위가 넓어졌으며, 신간에 한정하지 않고 오랫동안 사랑받는 스테디셀러도 아우르게 되었다.

이러한 주제를 다루는 좋은 책들은 단 한 겹의 이야기에 머물지 않는다. 기쁨과 슬픔, 빛과 어둠은 서로 연결되어 있으며, 연약한 존재들은 약자로만 남아 있지 않고 서로를 알아보고 돌보면서 앞으로 나아간다. 여성, 청소년, 장애인, 퀴어, 필수노동자, 난민, 이주자, 자연과 동물… 등은 이야기 속에서 서로 만나고 공감하며 자신의 존재와 목소리를 드러낸다. 우리는 이런 책들 속에서 그동안 자신이 미처 보지 못했던 존재들, 목소리를 듣지 못했던 존재들을 제대로 만나게 된다. 박지리는 대학교 청소노동자를 주인공으로 한《양춘단 대학 탐방기》(2014)에서 말한다. 사실, 이야기 속 사람들을 우리는 "분명, 본 적 있을 거다."라고.

〈캐롤〉이나 〈아가씨〉 같은 영화를 보고 나서도 많은 사람들은 그 것이 동성애를 다룬 것임을 잘 인정하지 못한다. 사랑이란 이성 간에만 느낄 수 있는 감정이라는 완고한 시각을 고수하고 있으면, 이렇게까지 눈앞에 보여주어도 '그런 게 사랑일 리가 없다'며 성소수자의 존재를 인정하지 않으려 한다. 버젓이 함께 살아가고 있는 사람들의 존재를 부정하는 것이 바로 혐오 표현의 핵심 문제이다. 《내 마음의 애니》(낸시 가든, 2013)는 1982년 미국에서 출간되어 지금은 고전의 반열에 오른 책으로, 레즈비언 소녀의 성정체성 문제를 본격적으로 다루어 화제가 되었지만 한때 금서로 지정되었던 역사가 있다. (역시 금서는 좋은 책이라는 증거?!) 주인공 리자와 애니는 이제 막 사랑을 시작한 고등학생인데, 세상에 이런 사람이 이 둘만 있을 리는 없다. 바로 가까이 있는 위드머 선생님과 스티븐슨 선생님도 그렇다. 리자와 애니조차 잘 몰랐던 것처럼, 그전에도 분명히 이들은 우리 가까이에 있었을 것이다. 주위의 삶까지 밝고 건강하게 만드는 이 커플들의 아름다운 관계는 사람을 사랑하고 신뢰하는 일에 성별이 뭐가 중요한지, 그 때문에 고통받아야 하는 합당한 이유가 과연 있는지를 아프게 묻고 있다. 《아이 러브 디스 파트》(틸리 월든, 2018)는 사랑이 싹트는 순간, 서로가 이 세상의 전부가 된다는 것을 감각적으로 그려낸 그래픽노블이다.

외국 작품들이 조금 낯설고 멀게 느껴진다면, 《그래서 우리는 사랑을 하지》(무지개책갈피 엮음, 2021)를 보면 어떨까. '퀴어 로맨스' 임을 분명히 내세우며 지금 여기 우리나라에서 살아가는 성소수자 청소년들의 사랑과 고민을 생생하게 보여주는 여덟 편의 단편이 실려 있다. 청소년 희곡집 《여학생》(배소현 외, 2017), 《곰의 부탁》(진형민, 2020) 등에서도 무지개 빛깔 사랑을 만날 수 있다. 이 가슴 떨리는 로맨스들을 읽으면서 드는 생각은 사랑은 누구를 향해서든, 언제 어디서든 느낄 수 있는 소중한 감정이라는 것뿐이다.

세상이 주인공으로 대접해주지 않아도, 목소리에 귀를 기울여주지 않아도 스스로를 믿으며 앞으로 나아가는 씩씩한 여성들과 청소년들의 이야기를 좀 더 만나보자. 청소년 시집《보란 듯이 걸었다》(김애란, 2019)는 생계를 위해 노동 현장으로 뛰어들어야 하는 청소년들을 비롯해 이런저런 이유로 무시당하고 차별받는 청소년들의 현실을 담담하면서도 다부진 목소리로 들려준다. 그 어떤 삶도 밖으로 드러나는 일부분만 바라보아서는 안 되며, 그 누구도 한 가지 기준으로만 평가받을 수 없다는 생각을 수많은 청소년의 삶으로부터 길어올린 시집이다.

불의의 사고로 죽은 또래 아르바이트생이 "오토바이 도둑"이라는 억울한 누명까지 쓰게 된 것을 그냥 보고 넘어갈 수 없었던 세 명의 여성 청소년 이야기《나는 무늬》(김해원, 2021)는 갈등하고 망설이고 실패하는 아이들의 연대가 끝내 이루어내는 변화를 그린다. 뛰어난 영웅의 외로운 분투기가 아닌, 평범하고 취약한 보통의 존재들이 함께 만들어가는 반짝이는 희망의 이야기이다.

또래 여성들끼리의 수평적 연대뿐 아니라 세대를 뛰어넘는 공감이 가져오는 것들은《할머니와 나의 이어달리기》(이선주, 2021),《깨지기 쉬운 것들의 과학》(태 켈러, 2019),《양춘단 대학 탐방기》등에서도 만나볼 수 있다. 이 책들은 청소노동자, 회계사, 변호사, 사업가, 과학자 등 다양한 직업을 가진 여성들이 맞닥뜨려야 했던 사회적 장벽에 관한 구체적 사례이며, 앞서 도전해 나갔던 여성들이 다음 세대에게 보내는 당부와 격려의 메시지이기도 하다.

온갖 어려움에도 불구하고 한 분야에서 소중한 성취를 이루어낸 여성들의 이야기는《내일을 위한 내 일》(이다혜, 2021),《싸우는 여자들, 역사가 되다》(윤석남 외, 2021) 같은 논픽션을 통해 한층 생생하게 만날 수 있다. 어쩌면 실제 삶에서는 소설보다 훨씬 더 드라마틱한 순간들이 여전히 이어지고 있는지도 모르겠다.《우리는 난민입니다》(말랄라 유사프자이 외, 2020)는 끔찍한 전쟁과 폭력의 생존자인 어린 여성들이 고통스러운 경험을 넘어서서 다음 세대의 평화를 위해 어떤 일을 하고자 하는지에 대한 각오가 담겨 있다. 한편 홍은전 작가는《그냥, 사람》(2020)에서 의존적인 삶을 거부했던 장애인들의 자긍심과 자립의 의지가 우리 사회에 얼마나 의미 있는 변화를 일으켰는지를 그들과 함께 싸워온 사람으로서 생생히 전해준다.

도미니카 공화국 출신 미국 이민자로서 두 문화 사이에서 줄타기하는 정체성과 여성 청소년의 섹슈얼리티를 솔직하게 드러내는 실험적 형식의 운문 소설《시인 X》(엘리자베스 아체베도, 2020), 성폭력의 기억에 결코 지지 않고 앞으로 나아가는《운하의 소녀》(티에리 르냉, 2002),《비밀을 말할 시간》(구정인, 2020) 등도 잊지 않고 보았으면 하는 책들이다.

더 나은 세계는 나와 다른 사람들의 처지를 이해하고 공존에 필요한 것들을 상상하는 데서 시작된다. 우리는 끊임없이 내가 보지 못한 존재가 없는지, 놓치고 있는 목소리가 없는지 돌아보아야 한다. 좋은 책들은 아주 오래전부터 지금까지 계속 우리를 그 길로 이끌어 왔다.

연계를 넘어 의미적 연대로

박진희(미술학 박사 · 한국예술종합학교 강사)

  2020년 봄, 한국예술종합학교 학생들은 나다움어린이책 사업을
운영하던 씽투창작소에서 '문화예술교육 현장실습' 수업을 시작했
다. 코로나19 유행 상황에서도 2년에 걸쳐 총 세 차례의 서포터즈 활
동이 이어졌다. 이 수업은 2006년 수립된 예술 교육 로드맵과 2010
년 유네스코 한국 대회를 통해 결의된 서울 어젠다[1]에 따라 기획된,
예술 교육의 현장을 주도해야 할 예술사와 전문사 대상 과정이다.
그동안 국내 미술관과 문화재단, 사회복지관 등 비영리 기관과의 협
력으로 운영하였으나, 코로나로 인해 참여자를 직접 만나는 실습이
어려워지면서 비대면 교육 상황에 적합한 교수 모델을 모색 중이었
고, 도서를 활용한 수업은 이에 적합해 보였다.
  참여자 분석에 기반한 참여자 중심 교육 기획에 있어, 참여자를
직접 만나기 어려운 상황은 큰 벽으로 다가왔다. 또한 시공간 콘텐

---

1 서울 어젠다 예술교육 발전목표(Seoul Agenda: Goals for Development of Arts
   Education)는 제2차 유네스코 세계문화예술교육대회에서 107개의 참여국에 의해 채
   택된 예술교육 로드맵으로, 2011년 제36차 유네스코 총회에서 대한민국 정부의 주도
   로 독립 의제로 발의, 채택되었으며, 세계가 당면하고 있는 사회 · 문화적 과제를 해
   결하는데 문화예술교육이 직 · 간접적으로 기여하고 교육제도의 발전적 변화에 중
   요한 역할을 한다는 공동의 인식을 기저에 두고 있다.(한국문화예술교육진흥원 홈
   페이지 발췌)

츠인 전시와 실물 작품의 의미를 교육의 언어와 방법론으로 풀어내는 해석 과정도 제한적이었었다. 이러한 상황에서 어린이와 가족을 대상으로 하는 교육 기획의 황금기였던 몇 년 전, 핸즈 온 전시[2]와 전시 연계 교육 프로그램을 개발하며 만난 씽투창작소와의 인연이 의미적인 연대라는 예술 교육 연구와 실천의 새로운 가능성으로 이어졌다.

다움북클럽이 어린이책을 발굴하여 나누고 있는 가치와 의미 및 이를 통해 파생되는 질문들은 서포터즈 활동의 전체 과정을 이끌어간 동력이었다. 특히 원본 도서를 분석하고 이미지와 텍스트의 서사와 상징을 읽어내는 과정은 미적 통찰과 함께 사회 참여 행위의 중요성을 깨닫는 경험을 제공했다. 더불어 현장의 생생한 피드백을 만나는 값진 기회이기도 했다. 학생들은 어린이책을 읽고 분석하며 토론식으로 진행된 수업에서 소수 의견과 작은 경험도 서로 존중하는 분위기를 느끼며 더 큰 배움을 얻었다고 후기를 남겼다.

세 학기의 수업 모두 어른이 된 뒤로는 어린이책을 처음 접해본 학생들이 대부분이었다. 동물권이나 페미니즘 운동 같은 사회 운동에 관심이 많아 수업을 선택했다는 어느 학생은 어린 시절에 여성이 주인공인 책에 목말라했던 기억이 떠올라 더욱 반갑게 실습을 시작할 수 있었다고 했다. 성인이 읽기에도 손색없는 다양한 어린이책에 놀라워하면서, 어린이책의 분석 및 활용 가능성에 대해 새롭게 배우

---

2 핸즈 온 전시(hands-on exhibit)는 경험주의 학습 이론에 근거한 참여자 중심적인 전시 형태이다. 시각뿐 아니라 오감을 통해 경험할 수 있는 전시물의 활용에서부터 의미적인 상호작용까지 참여자의 관람과 해석 및 자기화의 전 과정을 촉진하기 위해 활용된다.

기도 했다. 어린이도 성평등과 자기 권리에 대한 인식을 강하게 지니고 있으며, 자신과 성별이나 장애 등 특징이 같은 인물에 좀 더 감정이입을 하게 마련이므로 어린이책에서 더 다양한 인물을 그려내야 한다는 사실을 깨달았다는 학생도 있었다.

수업은 교육 과정 분석, 교육 프로그램 기획·실행·평가의 내용으로 진행되었다. 작년 봄 학기는 1기 서포터즈 활동으로서 비대면 콘텐츠 연구 과정을 토대로 '나에게 어울리는 책 찾기'를 콘셉트로 정했고, 당시 유행하던 심리 테스트에서 착안하여 '나와 닮은 친구'라는 교육 프로그램을 개발했다. 이 결과물은 한국에서 개최된 제5회 국제예술교육실천가대회(ITAC5)[3]에서 '언러닝으로 이끄는 예술, 예술교육가의 언러닝' 부문에서 발표하여 비대면 상황에서 참여자의 선택을 존중하는 선택형 교육 방식으로 주목받기도 했다.

방역수칙에 따라 교수 식당 옆 야외에서 테이블 두 개를 붙여 진행한 팀 작업이 쉽지만은 않았지만, 코로나 시대라 더 특별했던 수업이었다. 결과를 이미지 작업으로 풀어보고자 하는 학생, 질문의 구조화와 코딩에 집중한 학생, 전체 프로그램 디자인에 몰입한 학생 등 각 전공 영역을 살린 팀 작업이 진행되었다. 각자 선택한 그림책들을 돌려가며 읽고 치열하게 토론했으며, 발코니 창문에 전지 크기 종이를 붙이고 네임펜과 마스킹 테이프로 이어가며 브레인스토밍

---

3 ITAC(International Teaching Artist Conference)는 전 세계 예술가와 예술교육가들이 예술교육의 가치와 역할·실천 방향을 모색하고 공동의 이슈를 함께 탐색, 답변해 나가는 전문가 국제교류의 장이자 국제 네트워크를 통해 연결된 국제협력체이다. 격년으로 개최되며, 2012년 노르웨이 오슬로에서 1회 대회를 개최한 이후 2020 대한민국 서울에서 아시아 최초로 개최되었다.('Unlearning! Untact Culture & Arts Education'을 주제로 2020년 9월 15일 발제)

을 했다. '자신에게 어울리는 책 찾기'라는 개발 목적에 따라 '왜 어떤 책을 선택하게 되는가?' 하는 학생들 내부의 심리적 역동에 주목했다.

작년 가을 학기는 비대면 수업 비율이 더 높아졌다. 화상수업을 병행하며 이 사업의 비전과 활동을 공유하고, 독서 행위를 둘러싼 사전·사후 활동을 내용으로 프로그램을 개발하였다. 특히 오소리 작가의 《노를 든 신부》(2019)를 연구 도서로 선정한 학생들이 많았고, 이를 카드 뉴스와 교안 형식으로 개발하였다. 해외 작품으로는 《아델라이드》(2020)를 선택하여 여행이 어려운 시대에 '여행'과 '모험'을 주제로 한 게임식 독후 활동 교구를 개발하기도 했다.

올해 봄 학기 서포터즈 3기는 전면 비대면으로 진행되었다. 학생들은 어린이책과 동시대 미술 또는 영화 등의 장르를 연결하고 확장적으로 접근하여 청소년 대상의 '젠더 감수성에 관한 예술 교육 커리큘럼'을 개발했다. 또한 조혜란 작가의 《할머니, 어디 가요? 앵두 따러 간다》를 토대로 기존 서포터즈 활동에서 다루지 못한 대상인 '할머니'에 집중하고, 몸과 정신, 가족과 사회관계 분석을 통해 독서 활동을 위한 질문들을 만들었다.

예술교육에 있어서 다양한 매체를 활용하고 서로 다른 시각에서 창의적으로 고민하는 새로운 기획의 필요성을 느끼게 되었다는 1기 학생의 이야기는, 이번 강좌에서 거둔 중요한 연대의 결실 가운데 하나다. 여러 사회 문제에 대한 분석과 그에 따른 행위는 예술교육의 의미와 가치를 공고히 하는 주제이다. 앞으로도 이러한 교육 문화 사업과 학생들이 만나 만들어가는 가치의 실험을 기대하고 소망한다.

여러분의 관심으로 이 책이 출간될 수 있었습니다.
북펀드에 참여해주셔서 진심으로 감사드립니다.

강대원	길지현	김세연	김장미	김혜림
강동림	김가빈	김세은	김장성	김혜선
강동수	김건휘	김소라	김재복	김혜윤
강미화	김경란	김소영	김재연	김화영
강서진	김경미	김솔	김재욱	김후형
강선규	김경순	김송희	김재형	김홍식
강수환	김경아	김수경	김정미	김희원
강은미	김경희(2)	김수지	김정아	나윤주
강인송	김고은	김수진	김정옥	나하나
강전희	김국희	김승민	김정효	나혜린
강지웅	김기정	김신혜	김제곤	남기숙
강지은	김나랑	김여진	김조희	남승현
강해서	김나연	김영경	김주희	남예린
강효민	김나은	김영옥	김지민	남은경
강희진	김다혜	김영은(2)	김지선(2)	노보나
고상훈	김라경	김영혜	김지수	노소연
고영경	김리연	김예원	김지연(2)	노승희
고은진	김미라	김완규	김지원	노은정
고정순	김미선	김우정	김지은	노태훈
고정원	김민재	김유영	김지현	라유경
고한빈	김민정(2)	김유진	김지혜(3)	류다영
고혜연	김민지	김윤이	김진	류미현
고혜진	김보경	김윤정(2)	김진향	류지혜
공영훈	김보미	김윤하	김채윤	명수진
공진하	김보민	김은나	김춘용	명유미
곽윤숙	김보영	김은비	김태경	명혜권
구선희	김보은	김은실	김태은	문수경
구세나	김상애	김은영	김태희(2)	문윤정
국동완	김새순	김은정	김한솔(2)	문인선
권선미	김샛별	김은주	김현미	문재석
권수진	김서희	김은해	김현아	문지연
권오선	김선영(2)	김은화	김현옥	문지현
권지애	김선화	김이삭	김현정(3)	문현경
권지영	김선환	김이슬	김현주	박가혜
권혜원	김성은(2)	김인옥	김혜경	박기남
길상효	김성현	김자림	김혜란	박기하

박문진	박희정	신은영	유새영	이명제
박미경	박희진	신은희	유선주	이명희
박미라	방영희	신재욱	유소정	이미나
박미애	배영란	신정아	유수연	이민주(2)
박민영	백미록	신지민	유승연	이방림
박보선	백설희	신지수	유승진	이보라
박상미	백성희	신현경	유일다	이서윤
박상희	백소은	신혜연	유정현	이서진
박샘	백승온	신혜진	유지현	이선숙
박서경	백승임	신희진	유진	이선희
박선혜	서금주	안경숙	유청아	이세연
박성하	서문수인	안선희	윤가은	이세영(2)
박세나	서지은	안정인	윤경용	이소영
박세린	서진영	안제헌	윤경은	이소현
박소희(2)	서현주	안지원	윤미래	이솔
박수정	석정원	안지환	윤민화	이수영
박순미	석지연	안현경	윤석연	이수헌
박순영	선혜연	안희석	윤선아	이수현
박승만	성보란	양경미	윤아름	이숙진
박시원	성윤진	양경언	윤은영	이숙현
박영미	손미영	양리혜	윤은주	이숙희
박영실	손시은	양선아	윤은향	이슬기
박예은	손지은	양세미	윤정아	이승민
박용숙	손현지	양준혁	윤정은	이승아(2)
박유신	손혜미	양혜선	윤정인	이승용
박은아	손혜진	어현숙	윤조원	이승혜
박은희	송경아	엄혜숙	윤현지	이애리
박재연	송선아	오강민	윤혜원	이여진
박정용	송연주	오경혜	이경	이연민
박주희	송정은	오계화	이경호	이연옥
박지원	송주연	오보람	이경희	이영재
박지은	송지연	오세란	이고은	이영주
박진희(2)	송지현	오유진	이규희	이예랑
박태근	송현지	오정현	이금영	이예은(2)
박한아	송혜운	왕은진	이기쁨	이용훈
박현숙	신동숙	우서희	이기선	이원미
박현정	신소라	우승연	이능룡	이원우
박현주	신수경	우아영	이대섭	이원주
박현진	신아영	우윤희	이도연	이윤선
박현희	신영선	우은하	이도준	이은숙
박혜숙	신윤우	위정은	이동렬	이은애
박희옥	신은선	유병록	이라	이은정

이의선	임유진	정지영(2)	차재영	한지원
이자희	임정길	정지용	차정신	한혜영
이재미	임현우	정지훈	채봉윤	함정희
이정봉	임희정	정진원	채영미	허소영
이정하	장문선	정진호	채예린	허수영
이주영	장병순	정헌애	채은경	허승
이준형	장슬기	정현경	천은서	허정은
이지선	장윤정	정현선	천지현	허지은
이지영	장은빈	정현진	천현정	홍기선
이지유	장재영	조경숙	최강희	홍미영
이지은(3)	장지영	조나리	최경후	홍민선
이지혜	장혜란	조나영	최나래(2)	홍상희
이진(2)	전기남	조명화	최문희	홍서연
이진규	전민지	조성은(2)	최미란	홍소람
이진아	전상희	조세진	최미애	홍수민(2)
이진영	전샛별	조연수	최민정	홍수영
이채린	전소영	조영아	최보영	홍아람
이채연	전혜진	조영윤	최선우	홍주희
이하나(2)	정고은	조용근	최선주	황다은
이한솔	정나영	조유정	최소은	황선영
이해주	정다운	조윤성	최은미	황선우
이현기	정명은	조윤숙	최은영	황소희
이현선	정병은	조윤정	최지원	황윤희
이현애	정소연	조윤주	최현경	황은아
이현자	정소영	조윤진	최현아	황정원
이현정(2)	정수진	조은숙	최현정	황정혜
이현주	정슬아	조은재	최현진	황진상
이현지	정승연	조지연	최혜진	황현정
이혜민	정승희	조진희(2)	최희견	황효진
이혜재	정영은	조현미	표해경	
이호준	정유경	조현민	허수정	
이화석	정유선	조혜원(2)	하재연	
이화정	정유현	주하나	하정민	
이효정	정윤선	주해선	하지연	
임경진	정은경	지수현	한귀숙	
임미희	정은미	지현아	한소영	
임선아	정은영	지혜영	한실희	
임소형	정인영	지혜진	한윤아	
임수정(2)	정일란	진이	한은형	
임수현	정주희	진현	한정혜(2)	
임숙정	정지민	진혜원	한준희	
임아혁	정지연	차성호	한지영	